Wolfgang Luef

Im Museum gewesen. Überall meine Arbeit gesehen

KLASSISCHE KUNST NEU INTERPRETIERT

Im Museum gewesen. Überall meine Arbeit gesehen

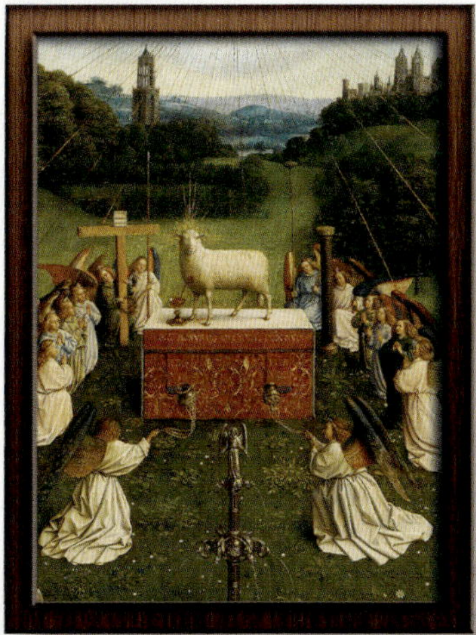

Das Lieblingsprojekt
des Chefs
am Tag der Präsentation

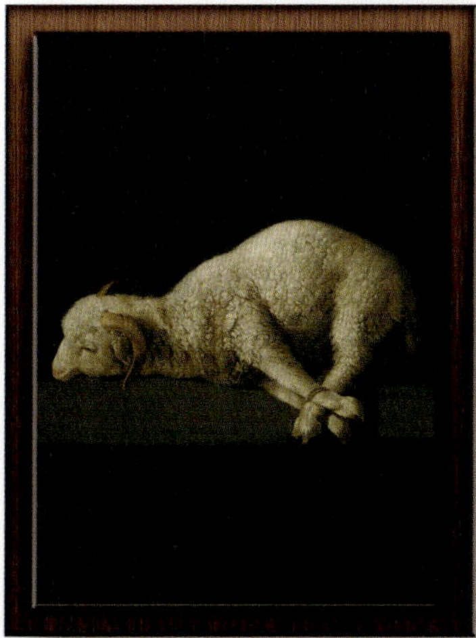

Das Lieblingsprojekt
des Chefs
zwei Wochen später

KLASSISCHE KUNST NEU INTERPRETIERT

Wolfgang Luef

YES

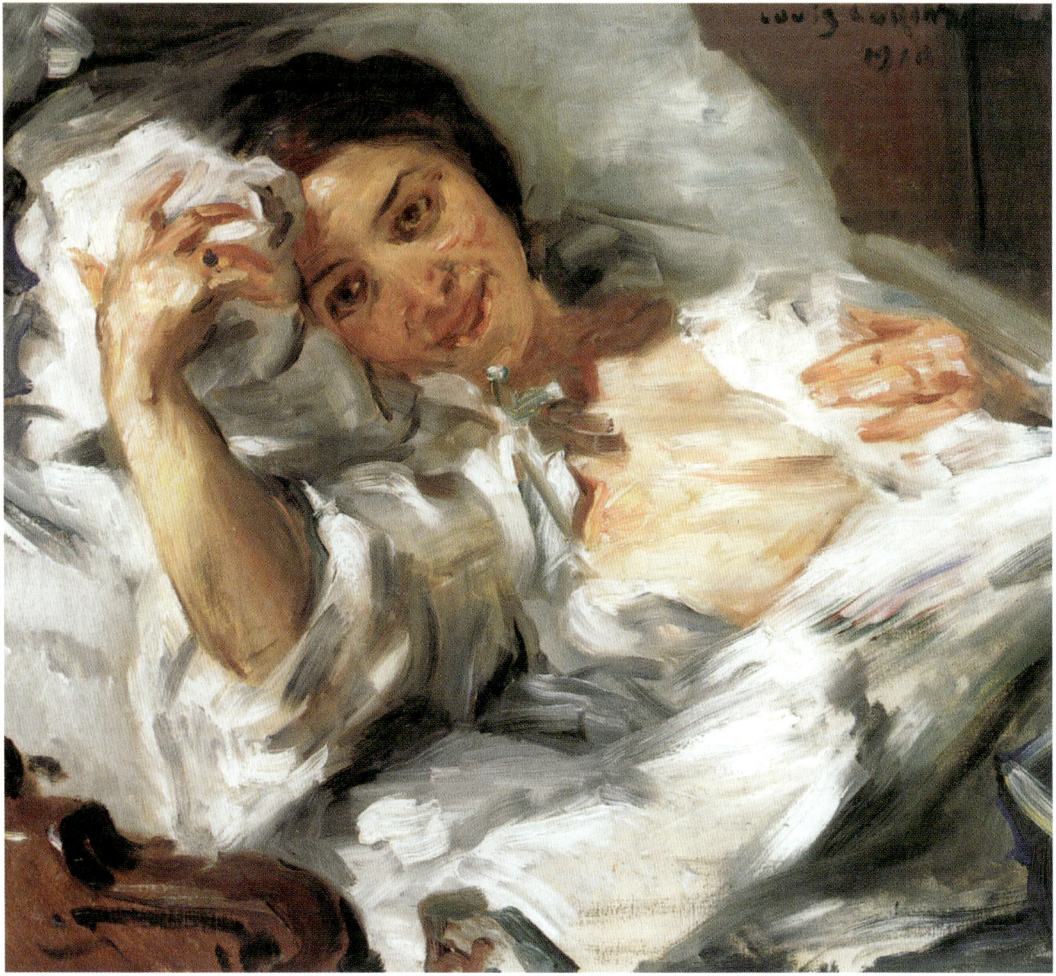

Energielevel am Sonntag, 7:30 Uhr

Lovis Corinth: *Morgensonne* (1910)

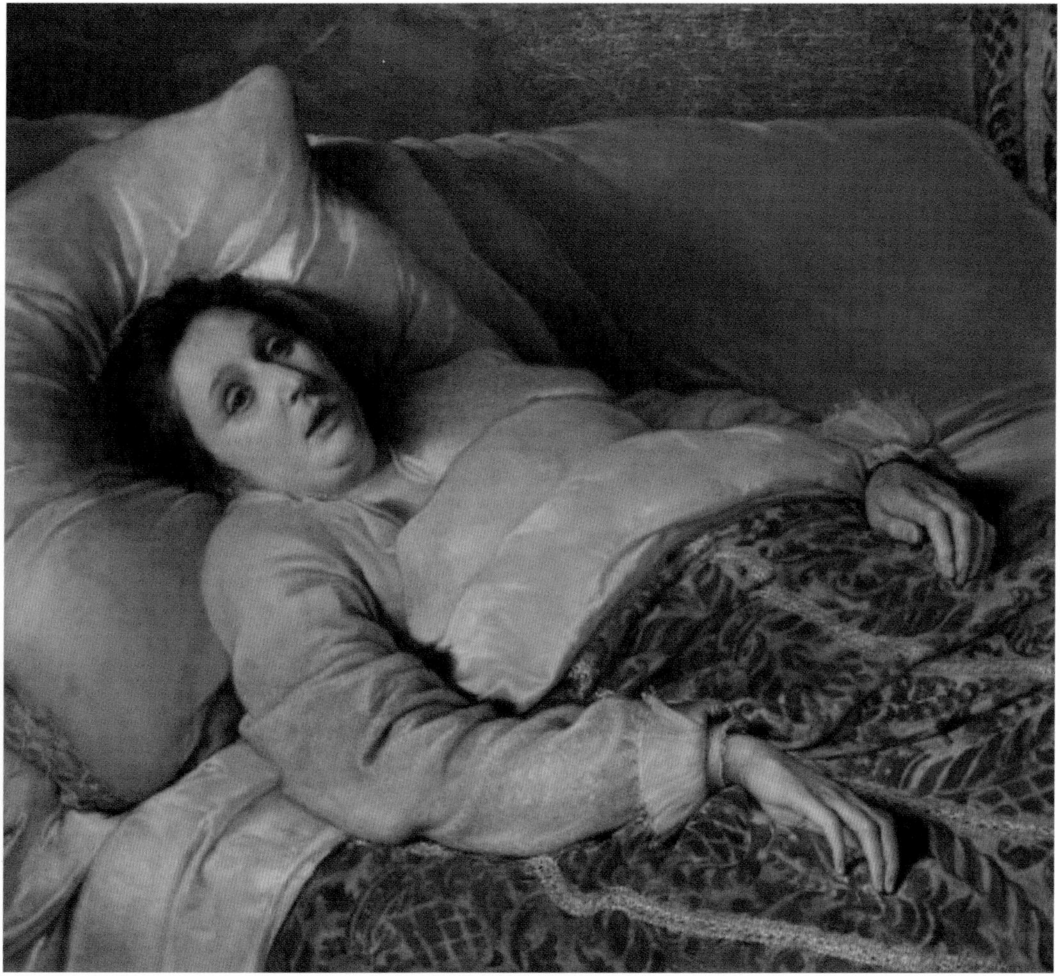

Energielevel am Montag, 7:30 Uhr

Unbekannter flämischer Künstler: *Junge Frau auf dem Totenbett* (um 1621)

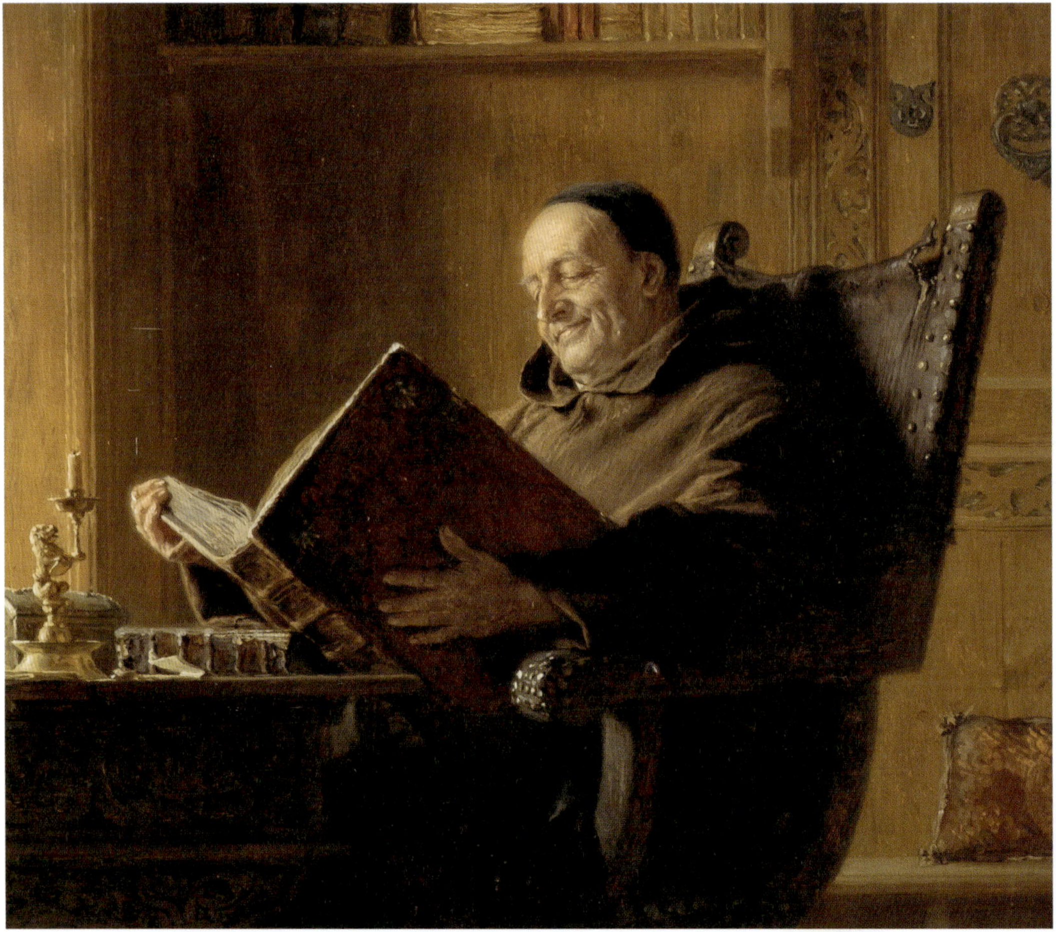

Wenn man morgens den PC hochfährt und nur vier ungelesene Mails im Posteingang hat

Eduard von Grützner: *Studierender Mönch* (1890)

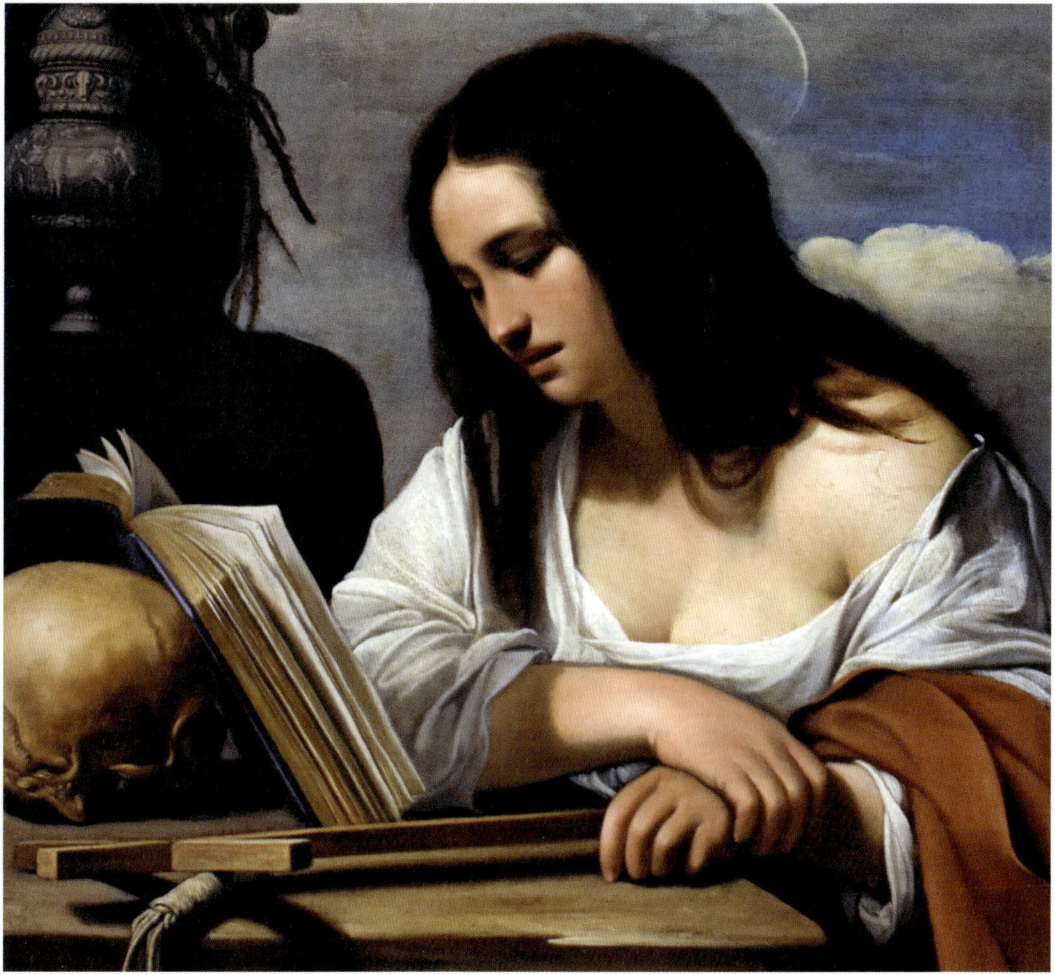

Wenn man merkt, dass davon drei vom Chef sind

Carlo Saraceni: *Die büßende Maria Magdalena* (um 1614)

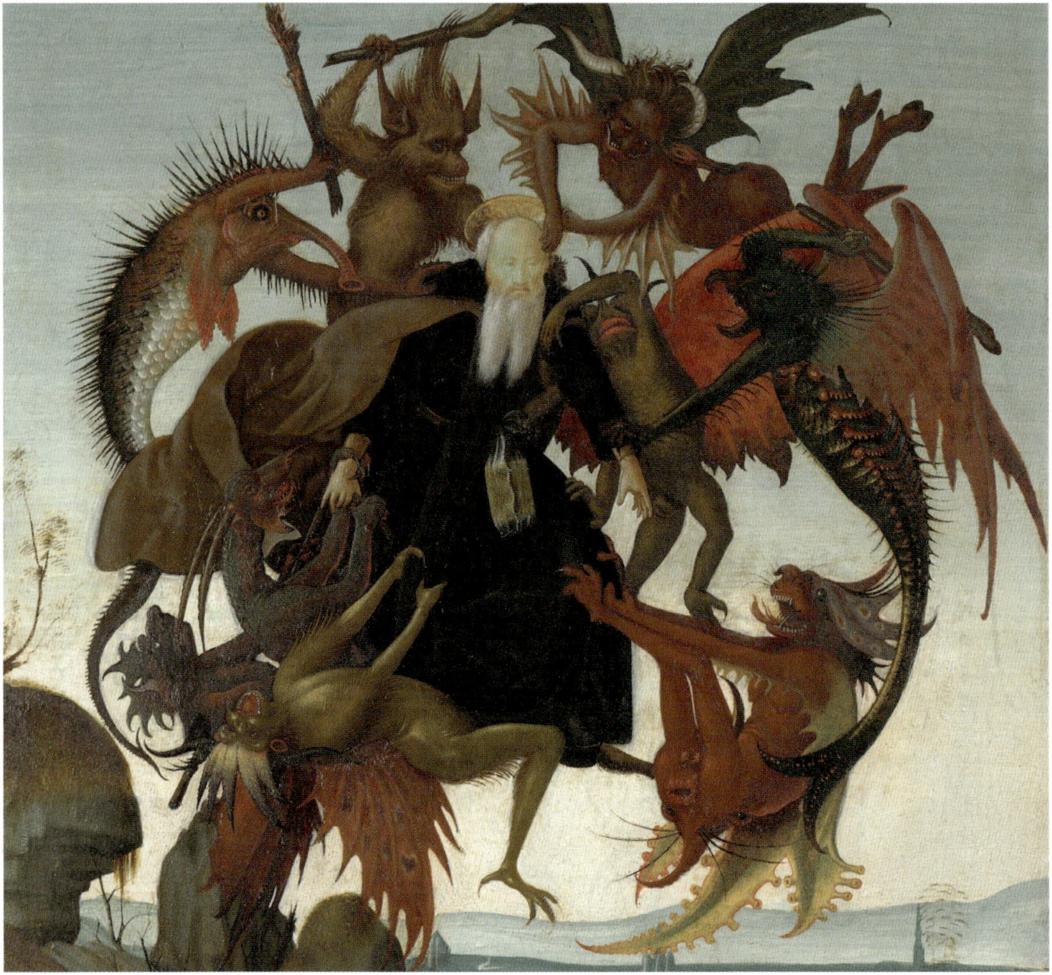

Anton hat mal wieder zwanzig Projekte auf einmal angenommen.

Michelangelo: *Die Versuchung des Heiligen Antonius* (1487–1488)

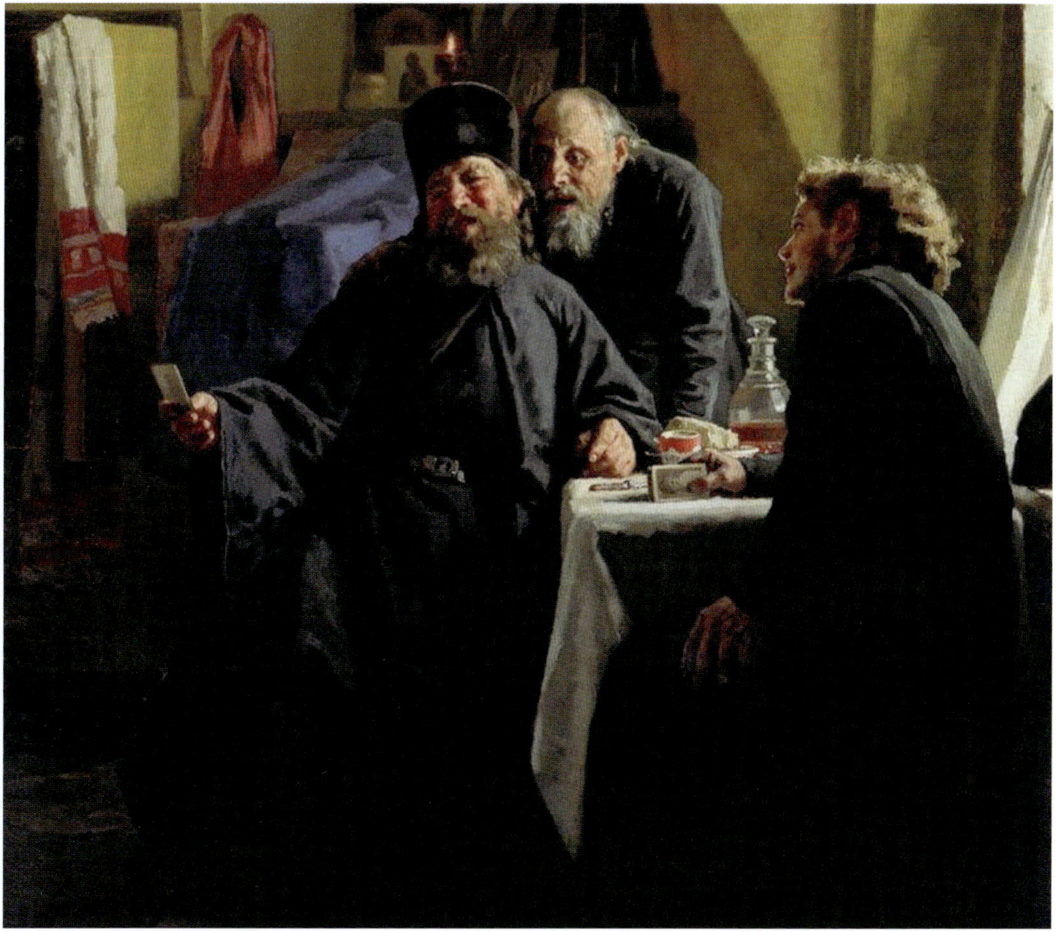

Statt dem Kollegen zu helfen, testen Ignatius und Thomas lieber den neuen »No Beard«-Filter auf TikTok.

Nikolai Newrew: *Mönche* (1880)

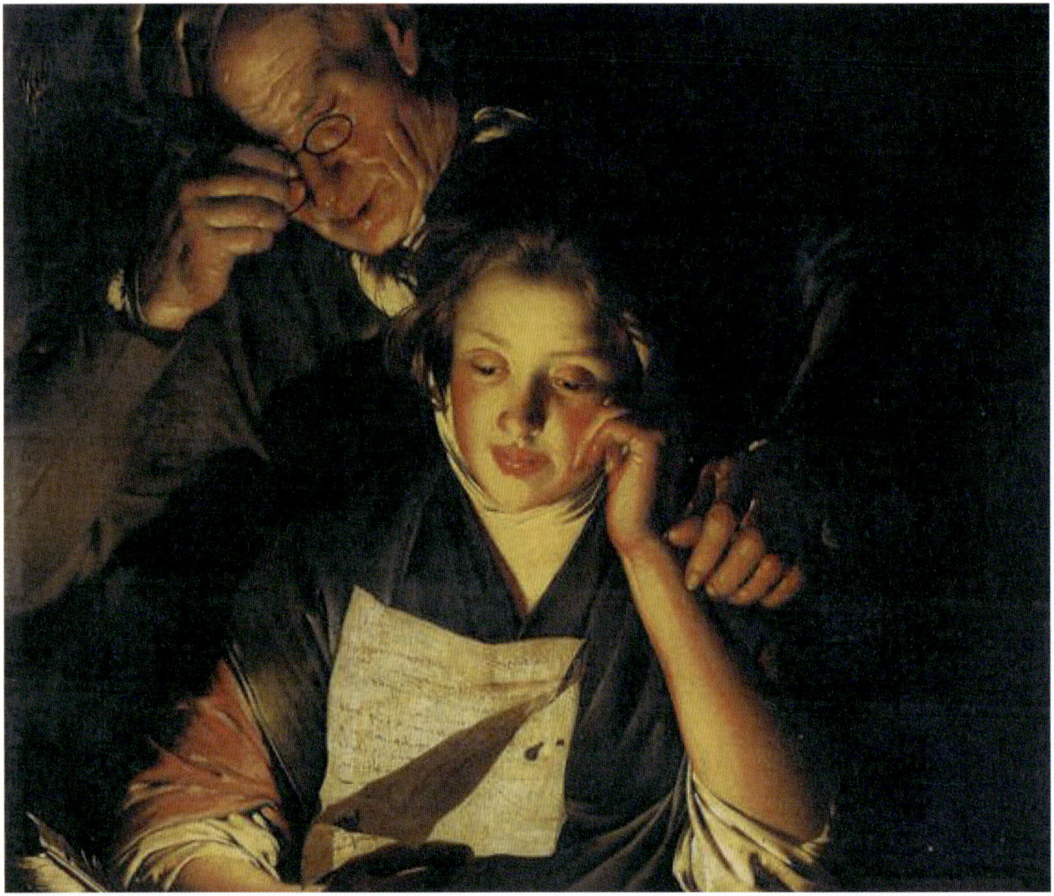

Manche Chefs arbeiten nach dem Motto »Vertrauen ist gut, Kontrolle ist besser«.

Joseph Wright of Derby: *Ein Mädchen liest einen Brief, ein alter Mann sieht ihr über die Schulter* (um 1767 bis 1770)

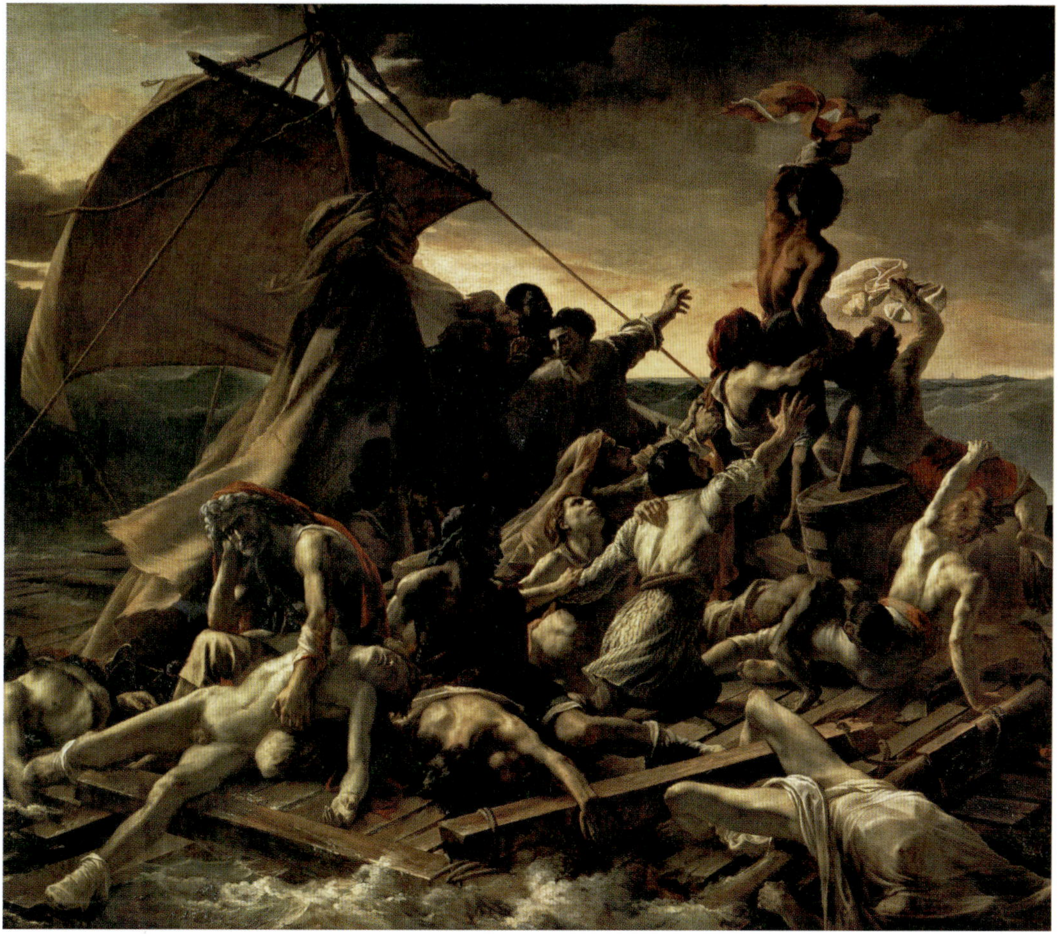

Andere lassen eine ganze Abteilung »einfach mal machen«, um zu sehen, »wo die Reise hingeht«.

Théodore Géricault: *Das Floß der Medusa* (1819)

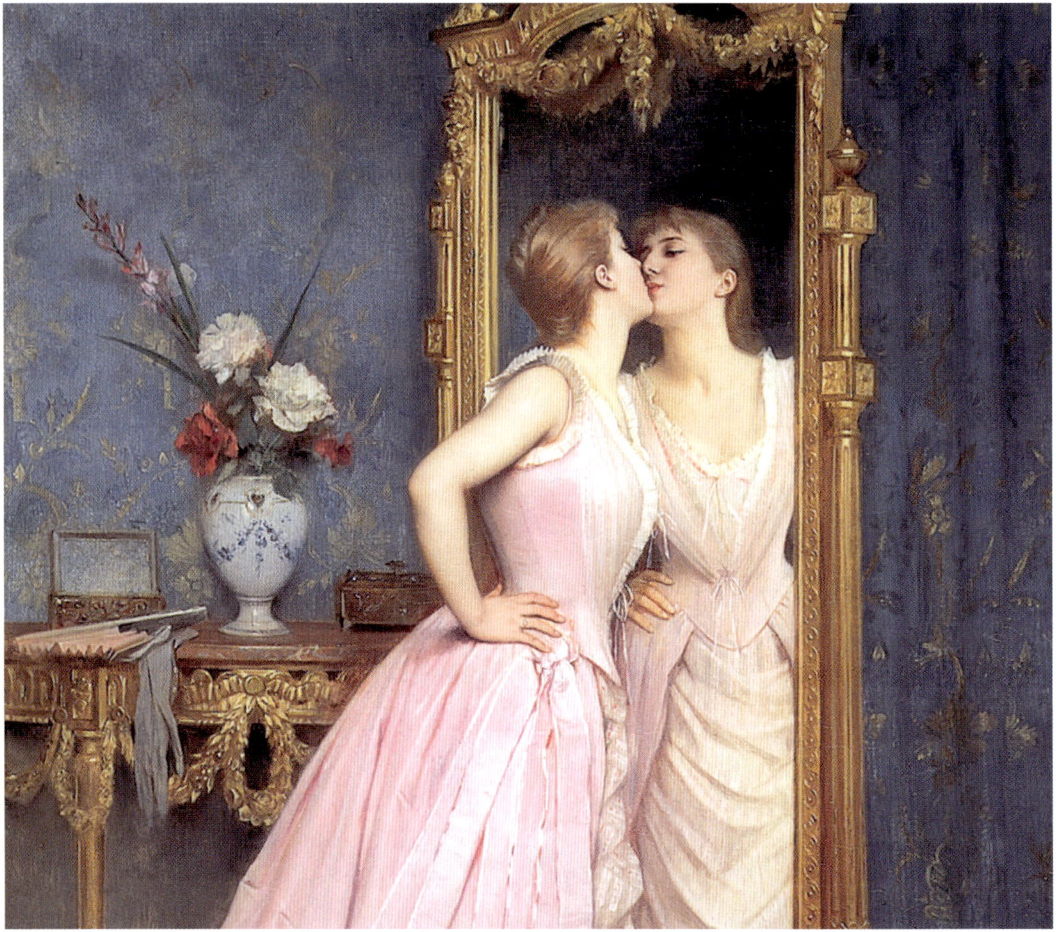

Martina aus der Buchhaltung hat ein Foto von sich selbst als Bildschirmhintergrund.

Auguste Toulmouche: *Eitelkeit* (1889)

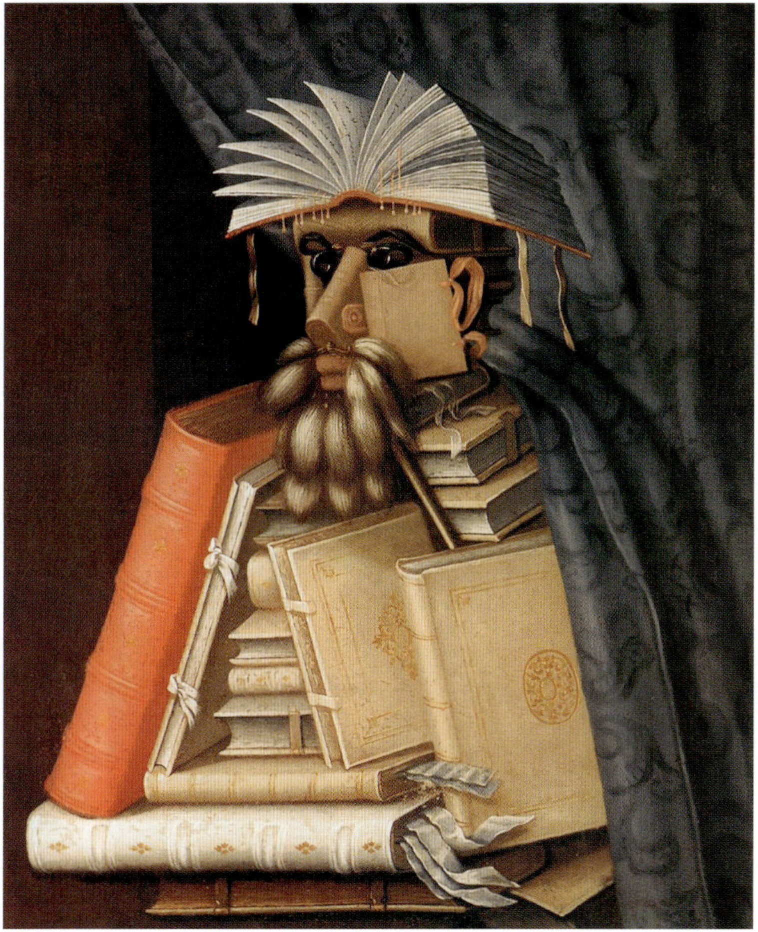

Wolfgang aus der Rechtsabteilung kann sämtliche Paragrafen zitieren, sitzt aber mittags meist ganz allein in der Kantine.

Giuseppe Arcimboldo: *Der Bibliothekar* (1570)

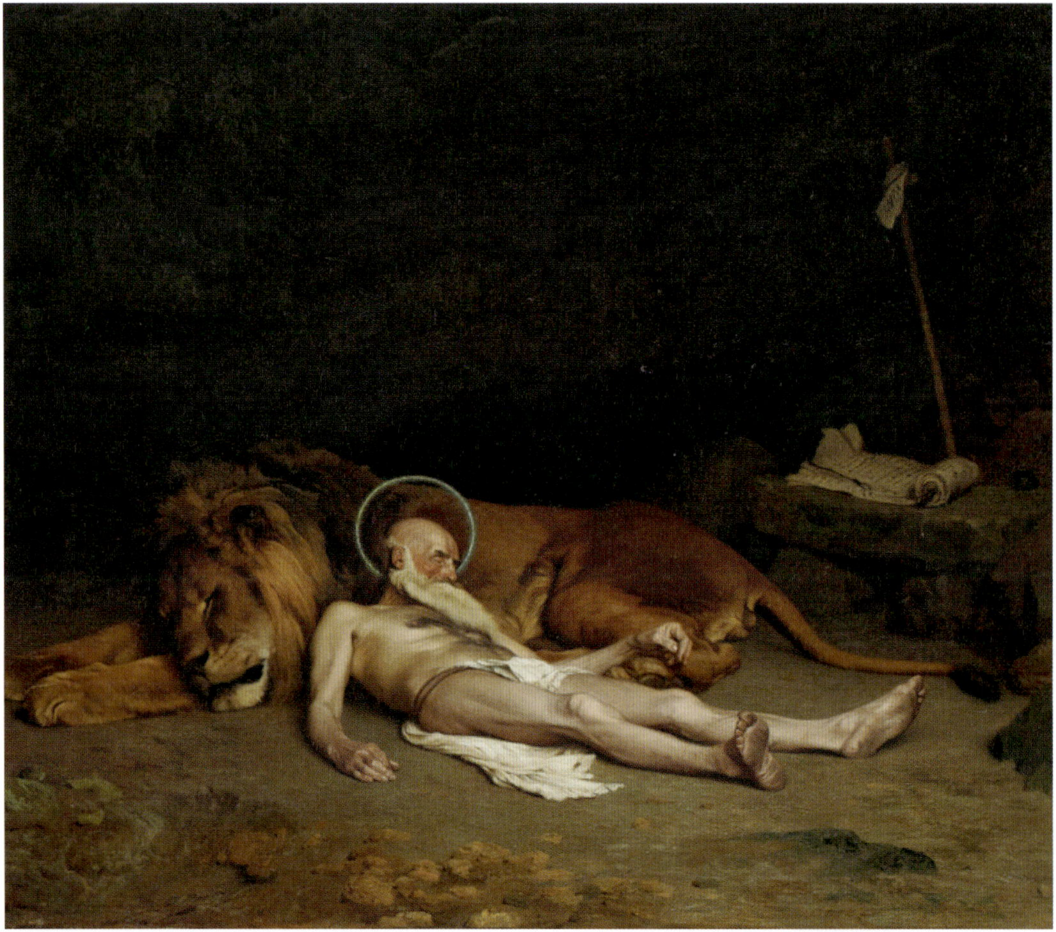

Franz aus dem Controlling wartet längst auf die Rente, lüftet sein Büro selten und hat stets seinen 13-jährigen Kater »Garfield« mit dabei.

Jean-Léon Gérôme: *Heiliger Hieronymus* (1874)

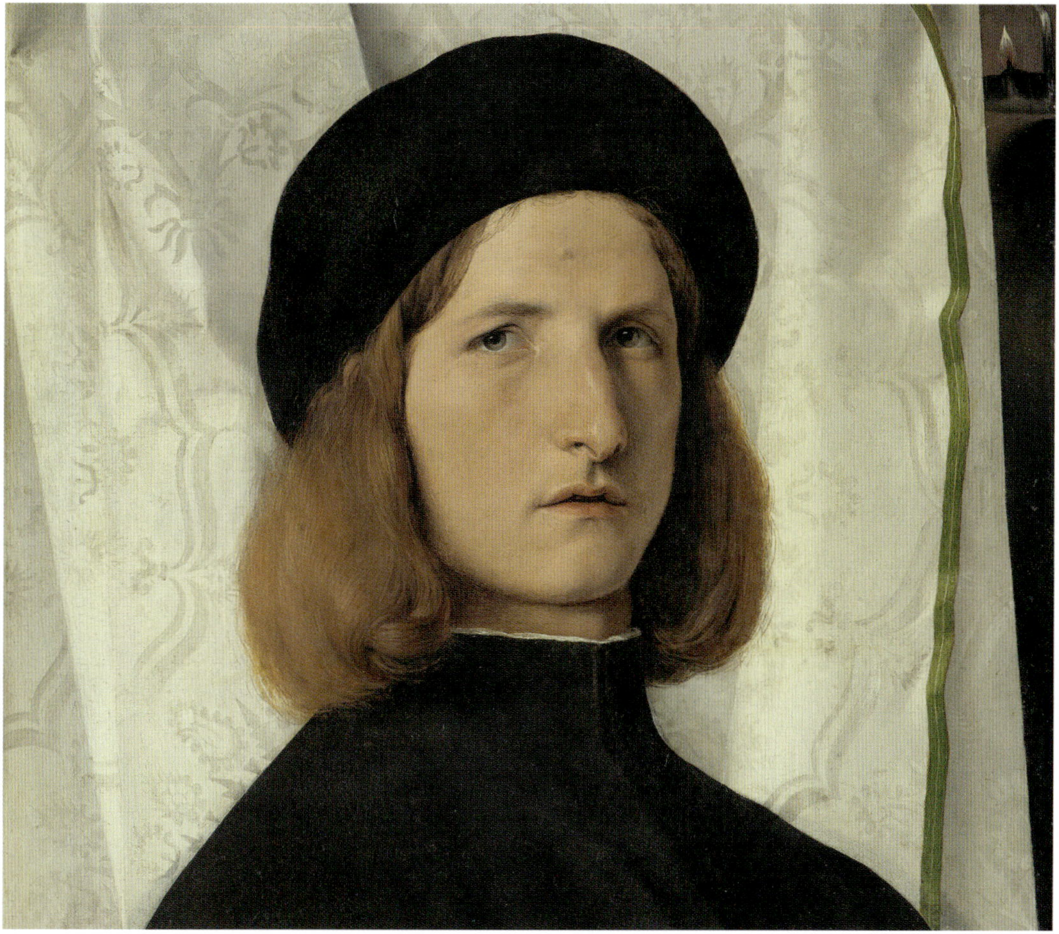

Daniel aus dem Marketing ist der Titel »Creative Director« ein bisschen zu Kopf gestiegen.

Lorenzo Lotto: *Portrait eines jungen Mannes mit Lampe* (1508)

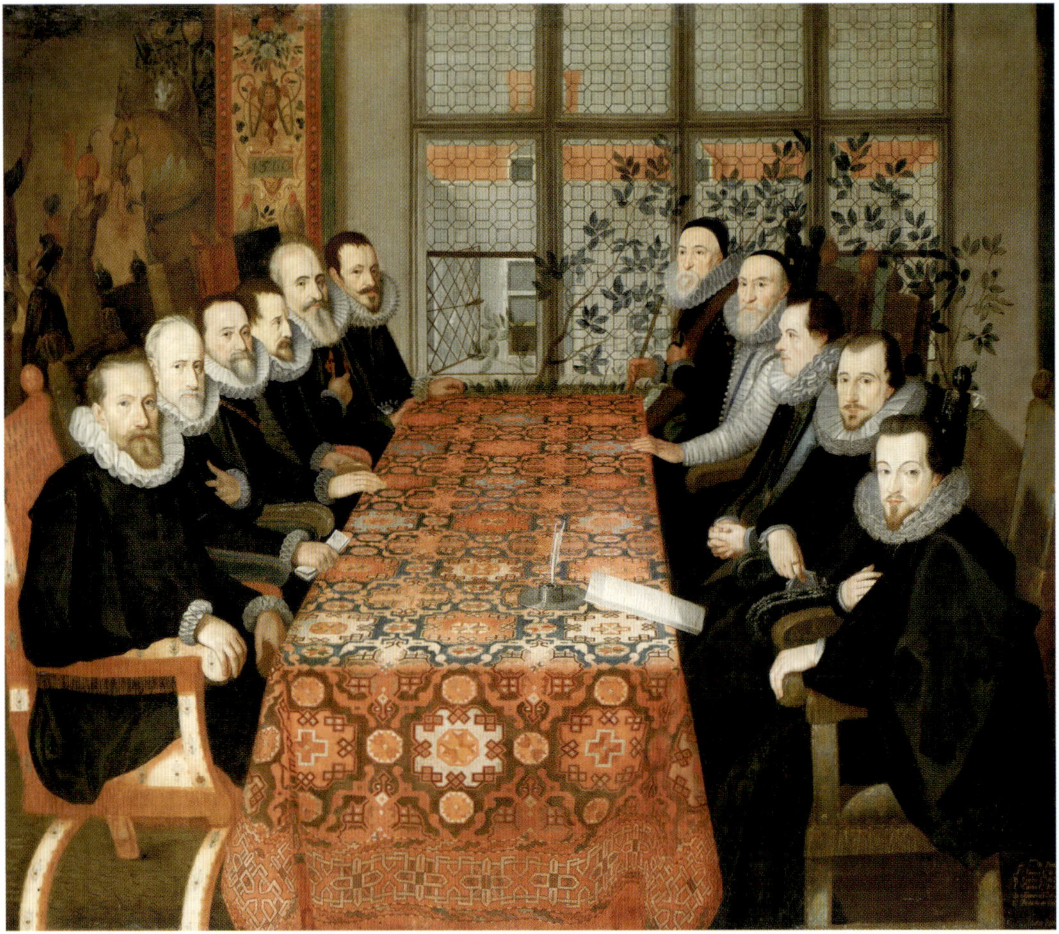

Erster Tag im neuen Job: So fühlt es sich an, das morgendliche Meeting zu betreten.

Juan Pantoja de la Cruz: *Die Somerset-House-Konferenz* (1604)

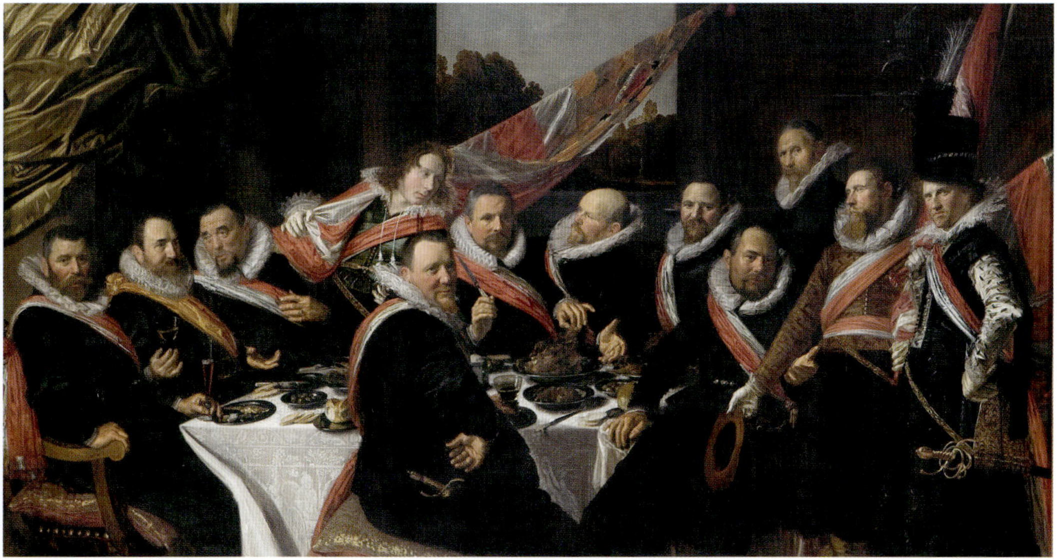

Und so, die Kantine.

Frans Hals: *Bankett der Offiziere der St. Georg-Schützengilde in Haarlem* (1616)

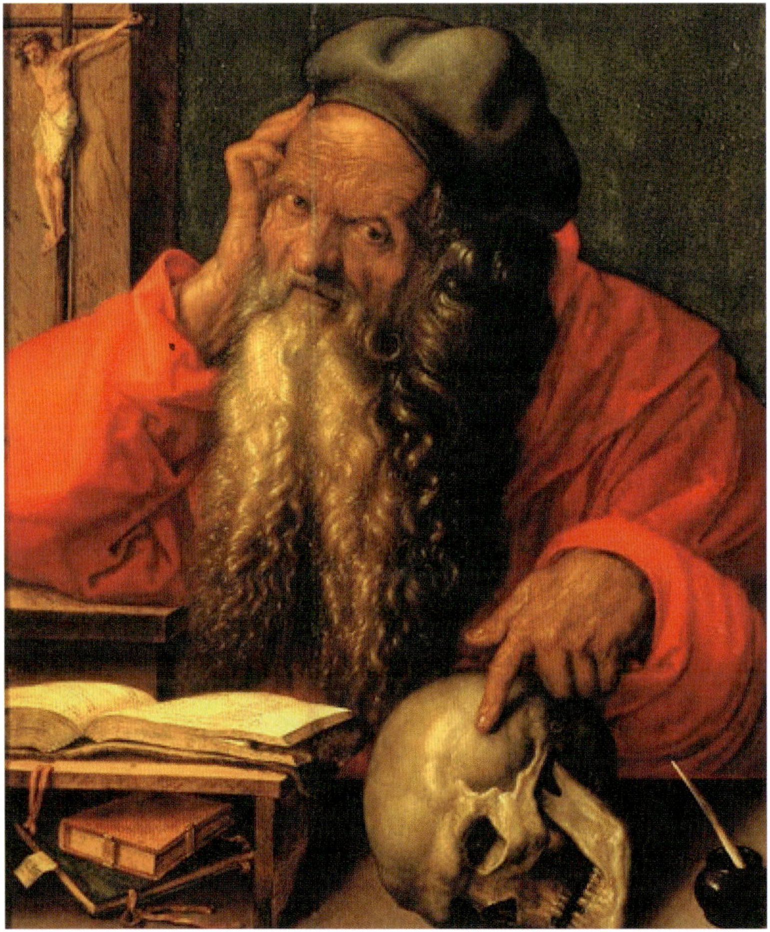

»Das hier ist übrigens dem Letzten passiert, der meinen Schreibtischstuhl ausgeliehen hat.«

Albrecht Dürer: *Heiliger Hieronymus* (1521)

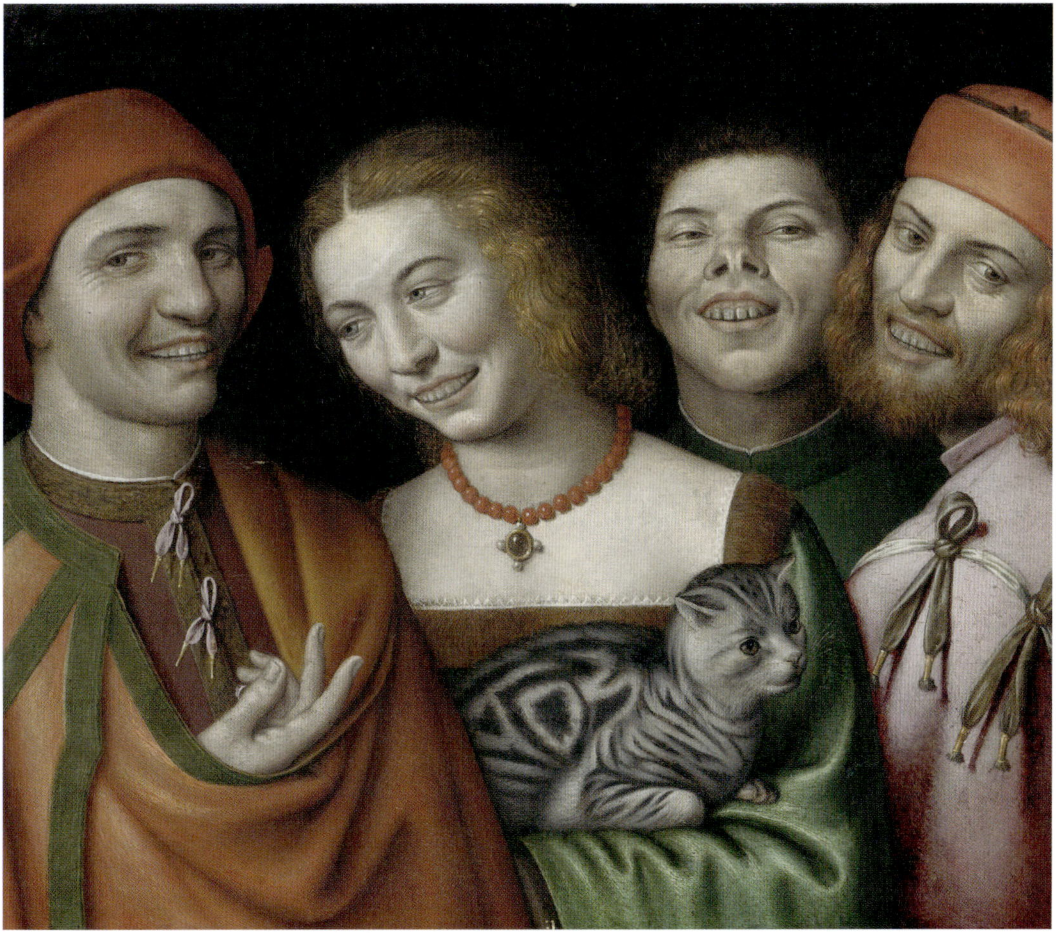

Der neue Kollege bringt an seinem zweiten Tag einen »ganz grundsätzlichen Verbesserungsvorschlag« ein.

Giovanni Paolo Lomazzo (1538–1600) zugeschrieben: *Drei Herren mit einer Dame und einer Katze*

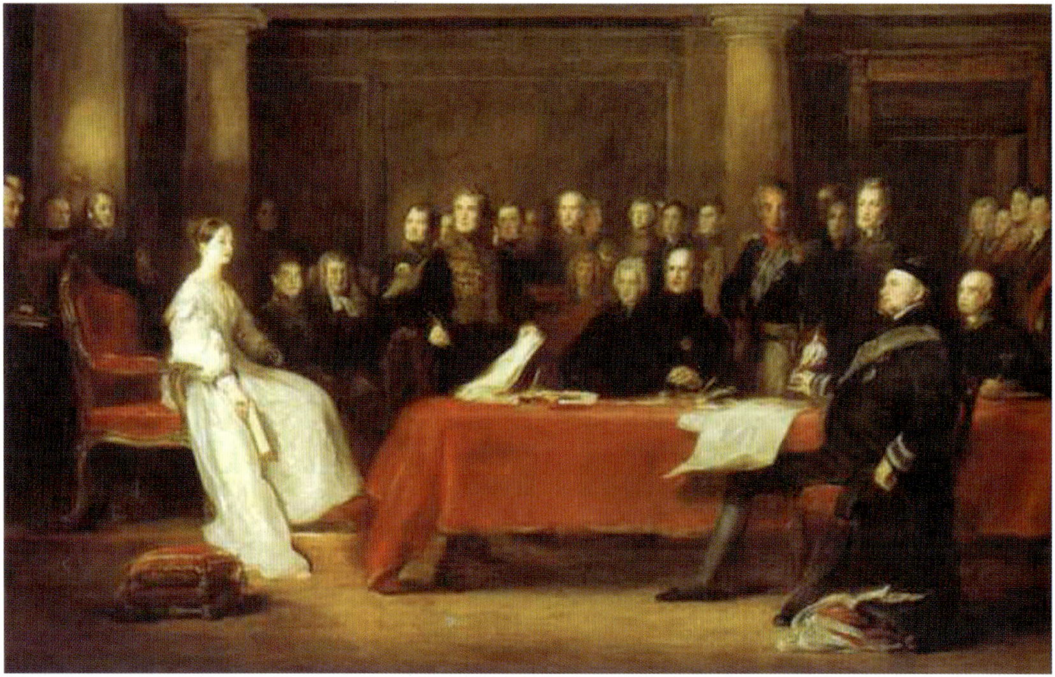

Der Chef würde ja gern mehr Frauen einstellen, aber nach dem Gespräch mit der Auswahlkommission melden sich die meisten nie wieder.

David Wilkie: *Die Erste Kronratssitzung der Königin Victoria* (1838)

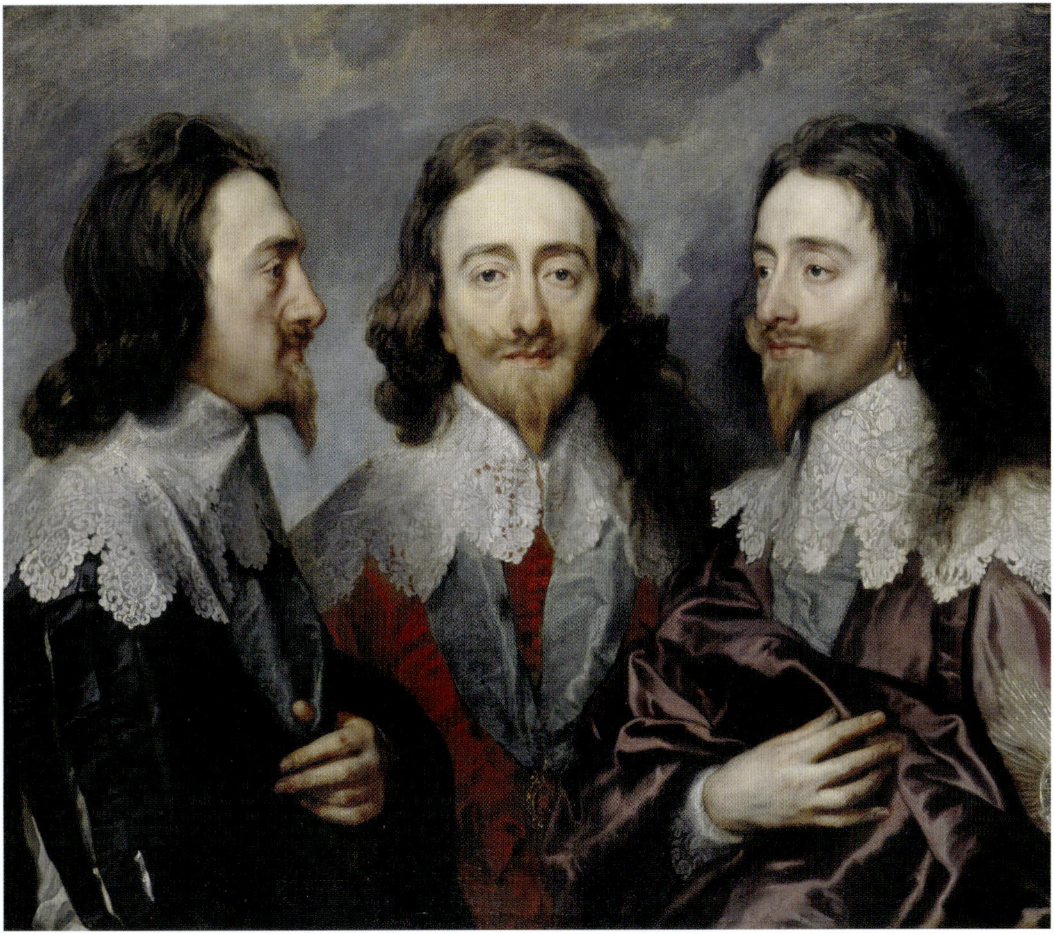

Dabei haben sogar die drei Vorstände höchstpersönlich ein Diversityprogramm gestartet.

Anthony van Dyck: *Dreifaches Portrait von König Charles* (um 1635–1636)

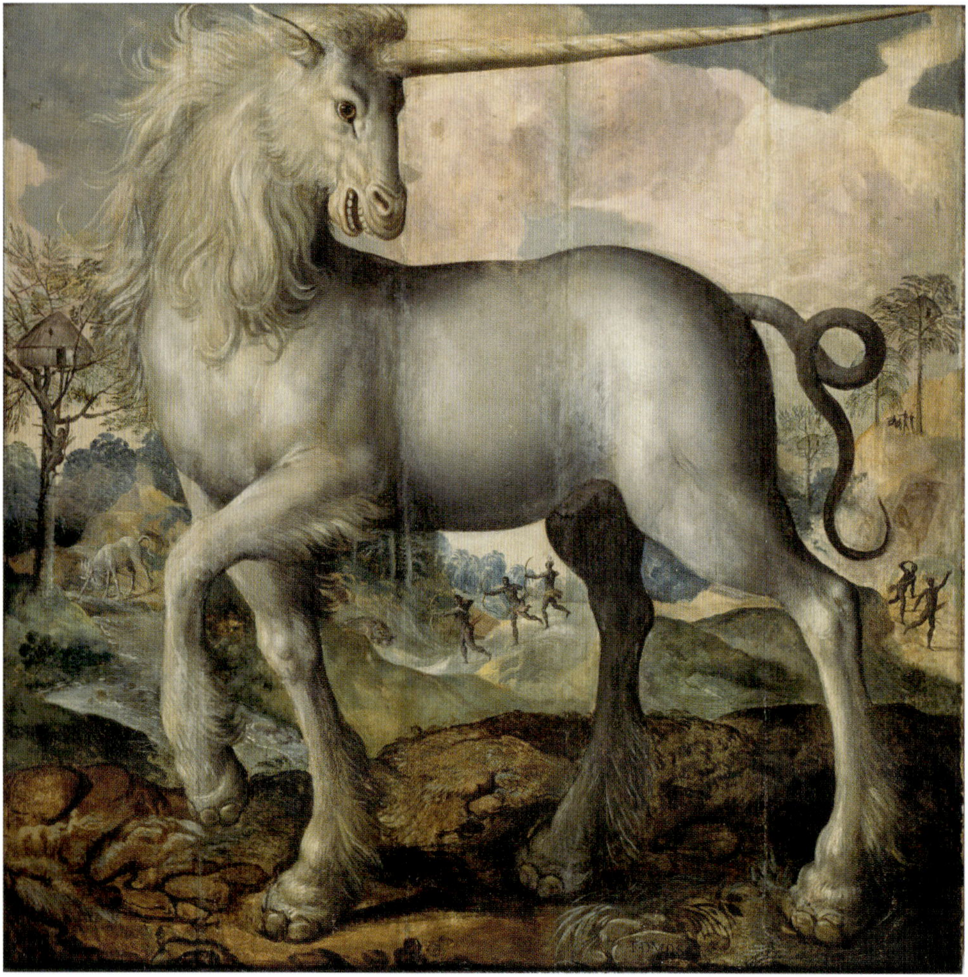

Am Anfang eines Auftrags: Was man dem Kunden angeboten hatte

Maerten de Vos: *Einhorn* (1572)

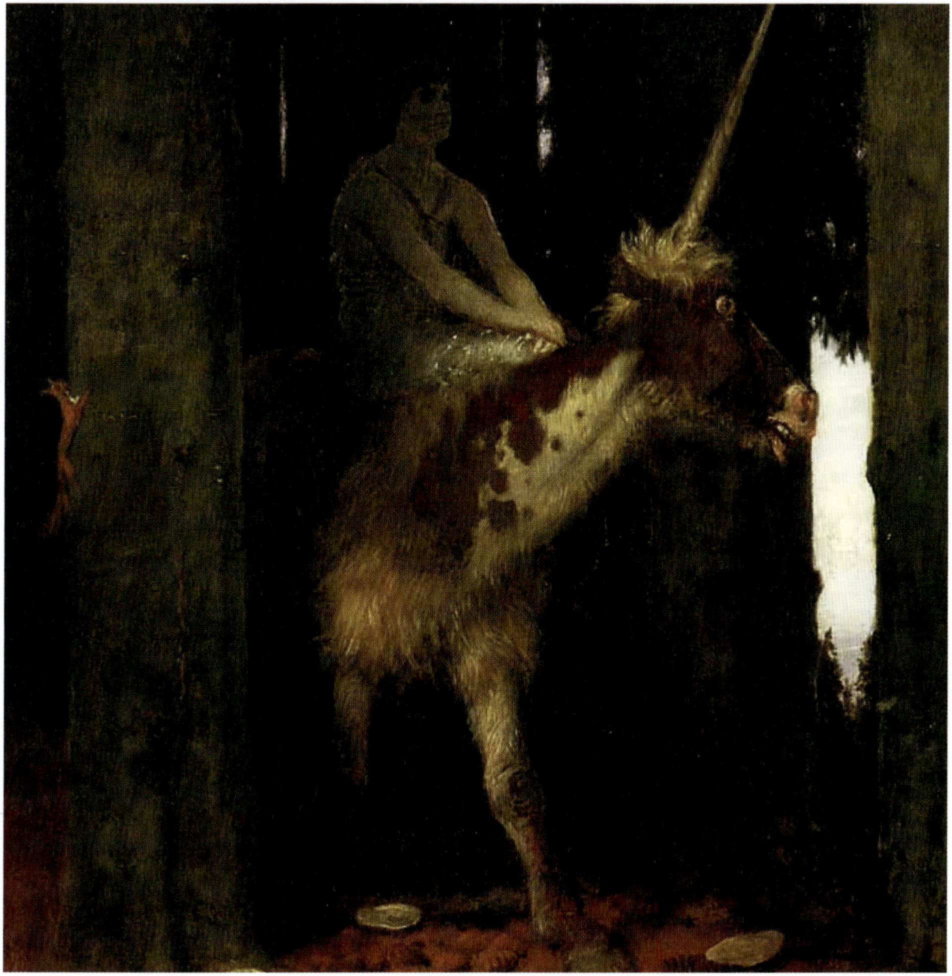

Am Ende des Auftrags: Was man dem Kunden geliefert hat

Arnold Böcklin: *Stille des Waldes* (1885)

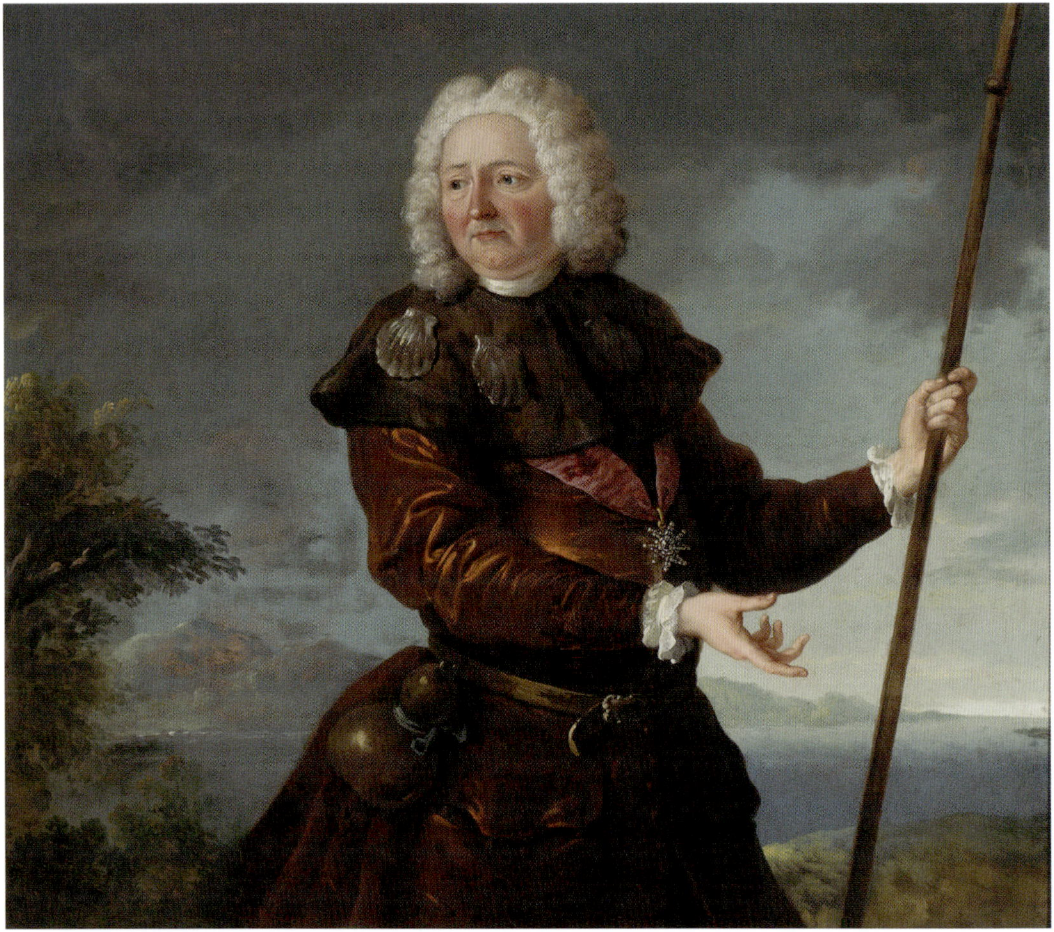

Herr Wagner kann bei der Präsentation kaum verbergen, dass er selbst mit dem Ergebnis nur mäßig zufrieden ist.

Jean-Baptiste Oudry: *Porträt eines Pilgers* (1730)

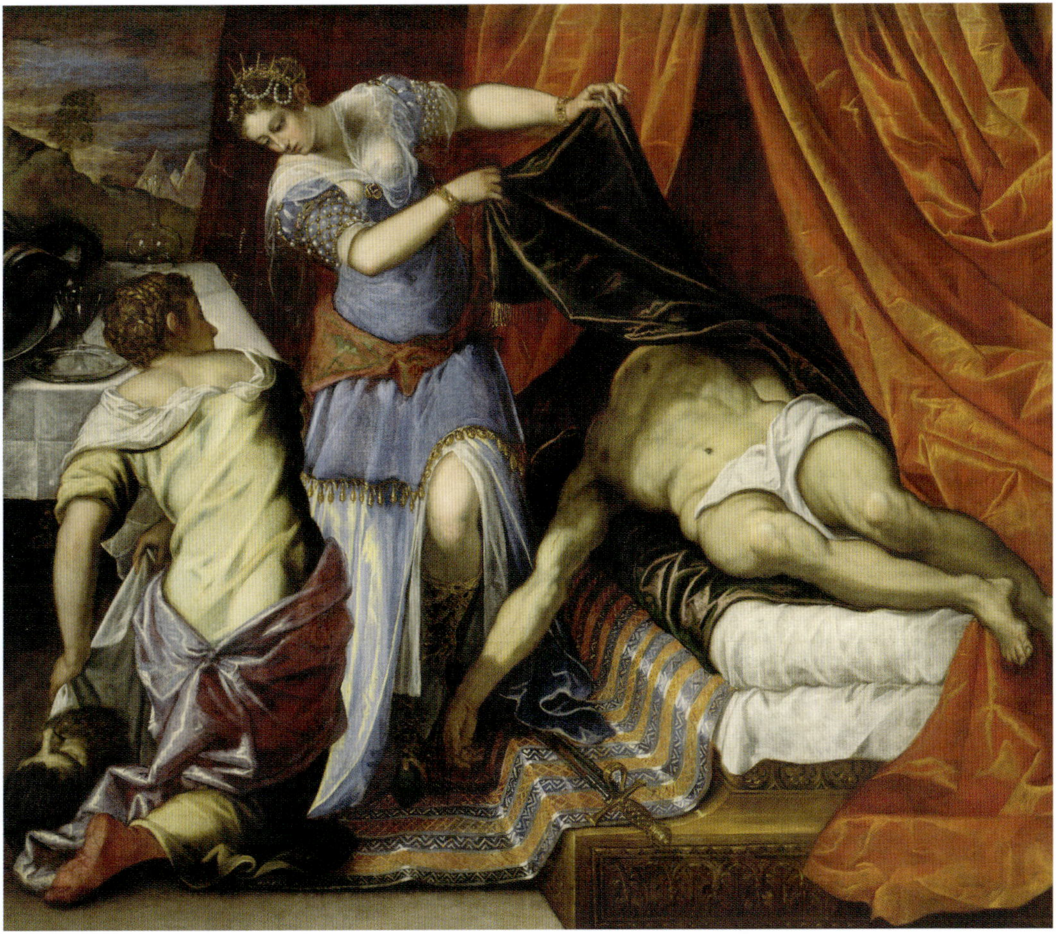

Bevor der Kunde reinkommt, muss schnell noch Herr Ackermann versteckt werden, der wie jeden Tag auf seinen Power-Nap besteht.

Tintoretto: *Judith und Holofernes* (um 1577)

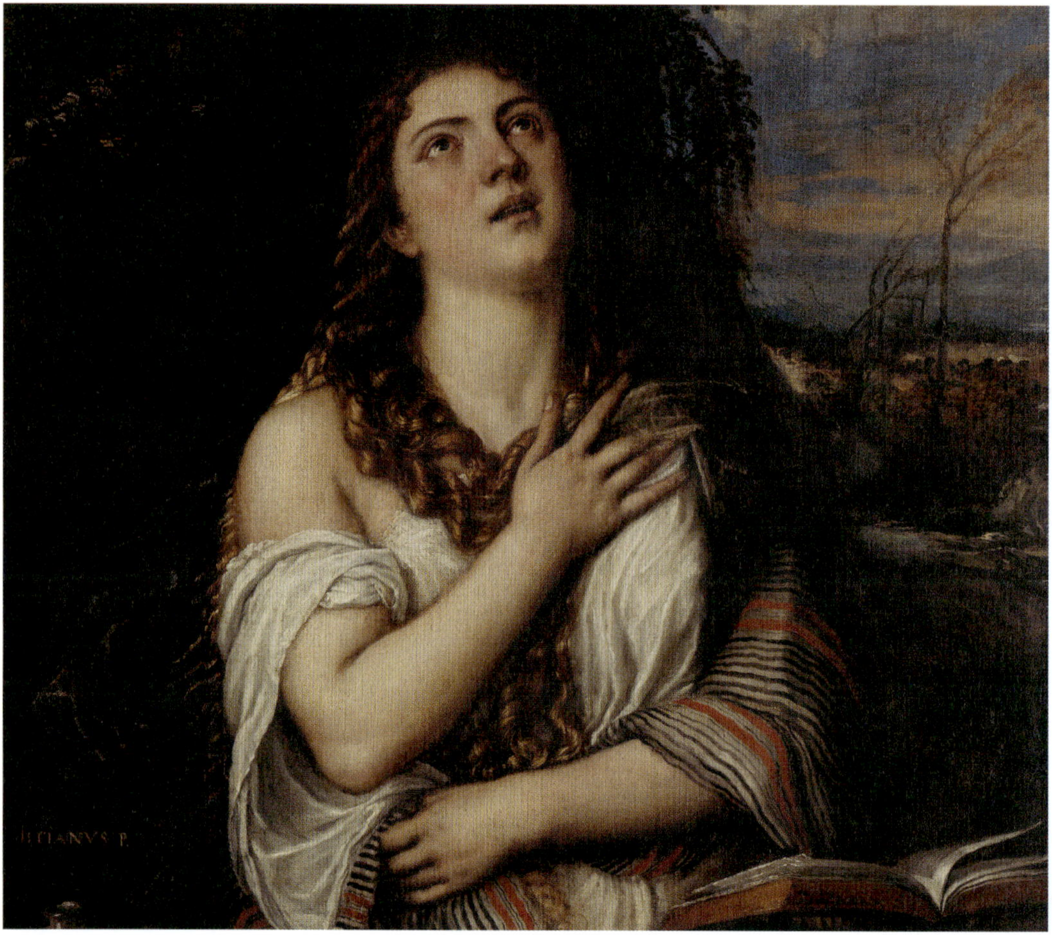

So stellt sich die Chefin ihre Mitarbeiter vor, während sie per Videocall eine motivierende Rede hält.

Tizian: *Büßende Magdalena* (1556)

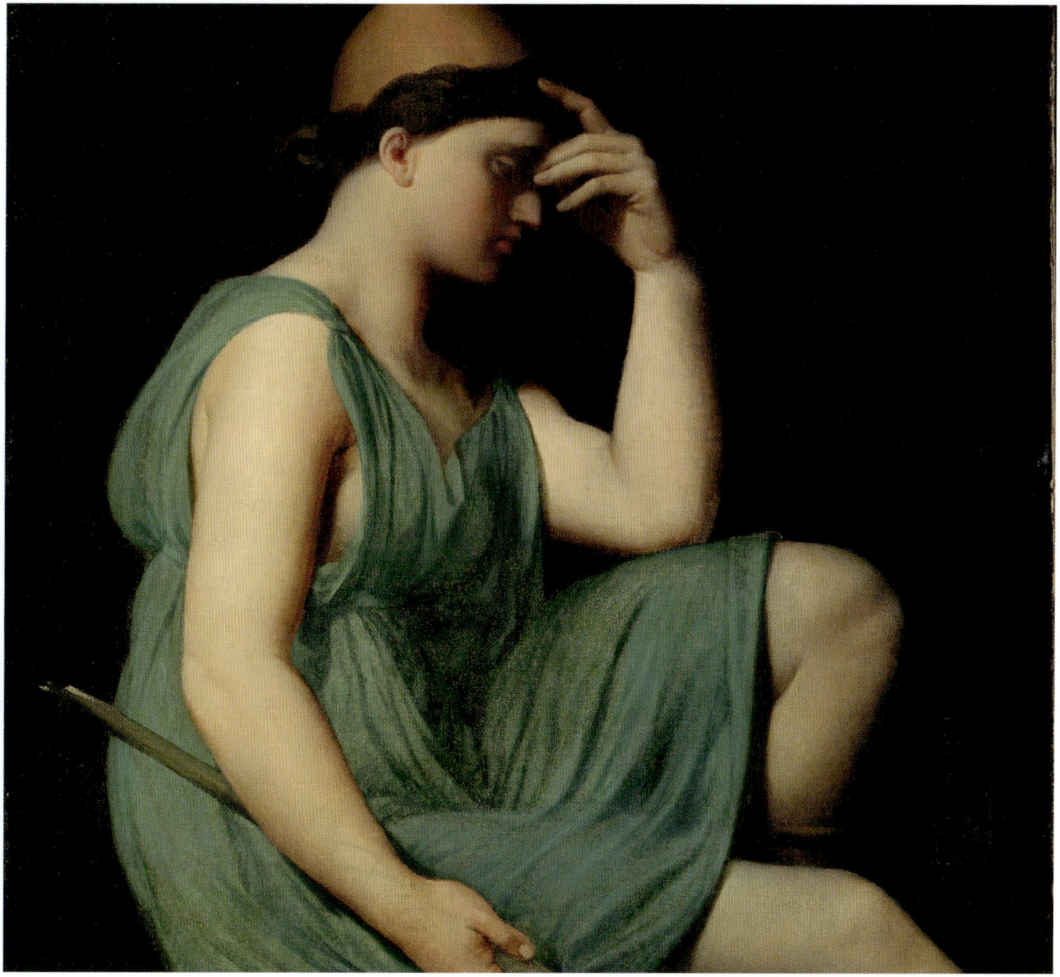

So hören die meisten Mitarbeiter ihr wirklich zu.

Jean Auguste Dominique Ingres: *Die Odyssee* (1850)

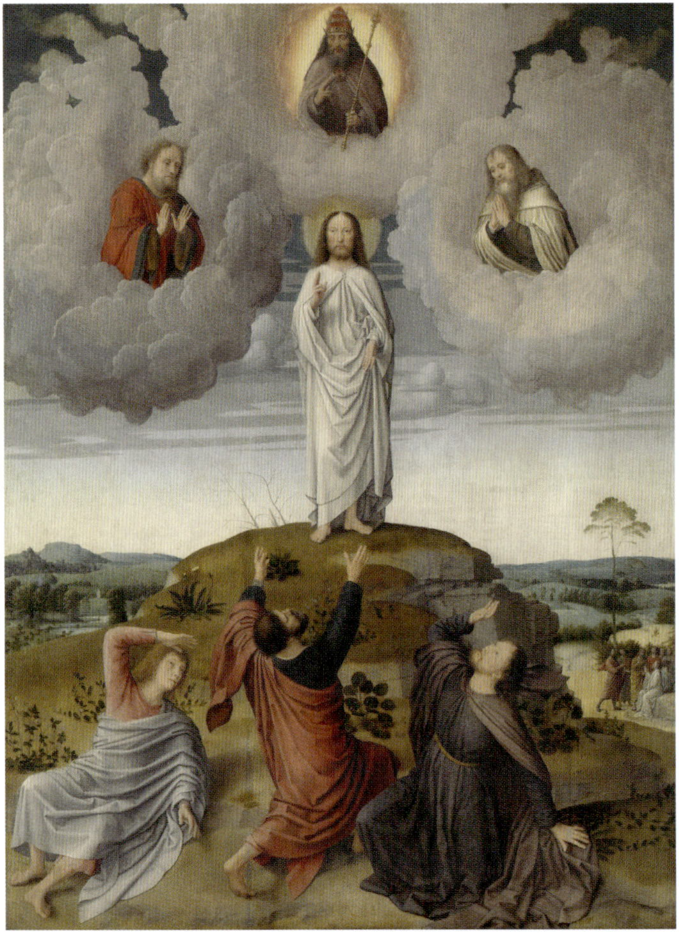

Und ein paar Kollegen scheitern jeden Tag aufs Neue daran, sich in die Videokonferenz einzuwählen.

Gerard David: *Verklärung auf dem Berge Tabor* (zwischen 1500 und 1505)

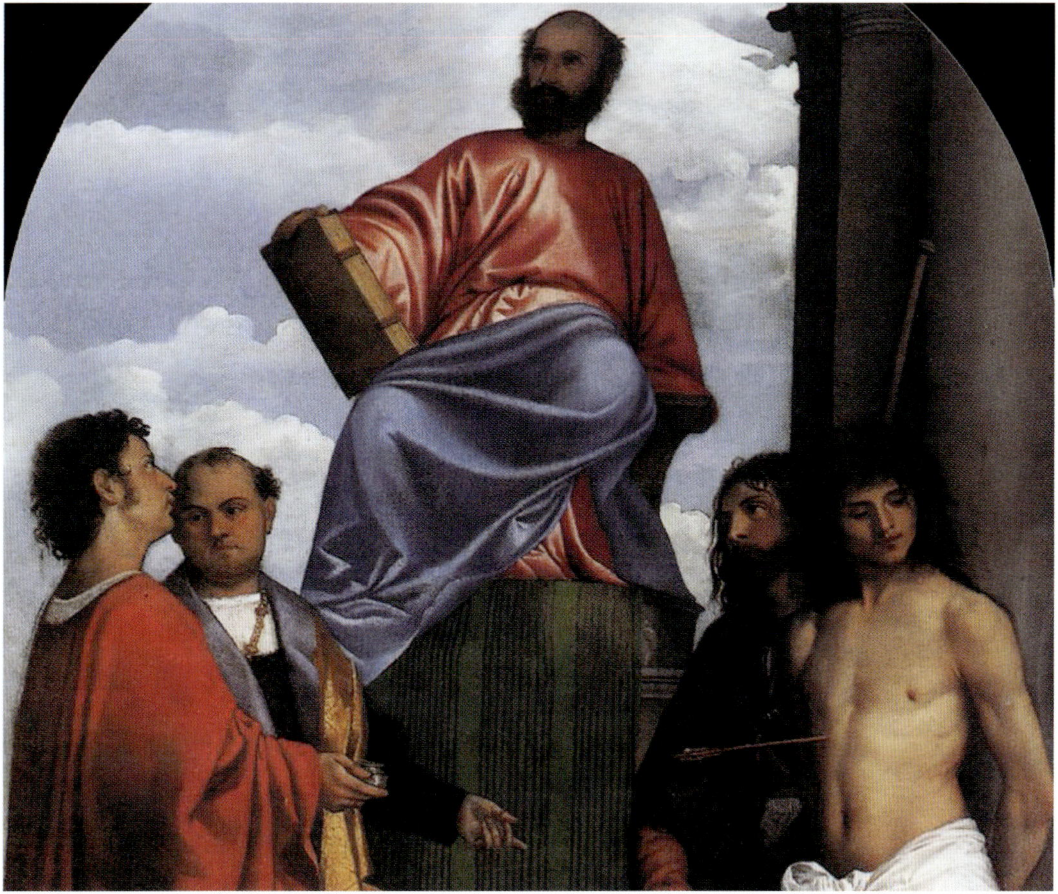

Sebastian (rechts) versucht, sich nicht anmerken zu lassen, dass ihn der Witz des Chefs ganz schön verletzt hat.

Tizian: *Der Heilige Markus auf dem Thron mit den Heiligen Cosmas, Damian, Rochus und Sebastian* (um 1511)

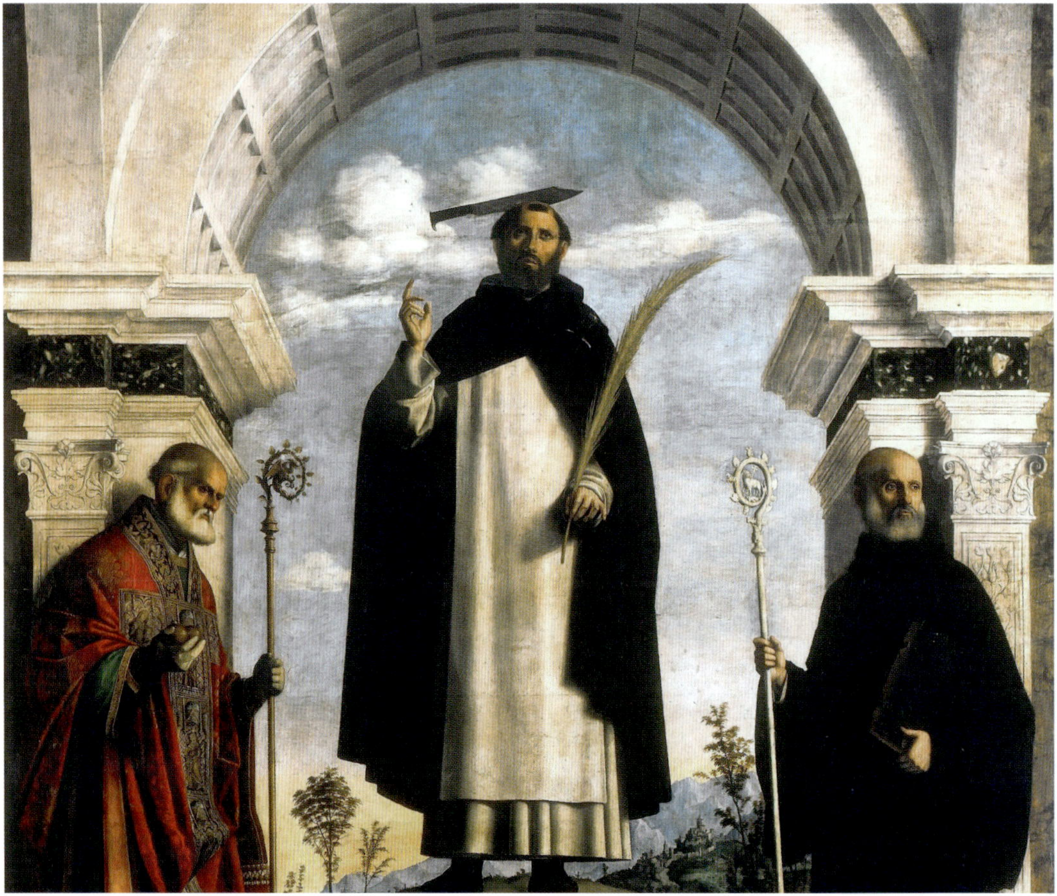

Seit die Geschäftsführung das Sparprogramm vorgestellt hat, spürt Herr Müller das Damoklesschwert mehr als deutlich.

Giovanni Battista Cima da Conegliano: *Peter von Verona mit den Heiligen Nikolaus und Benedikt und musizierendem Engel* (1504)

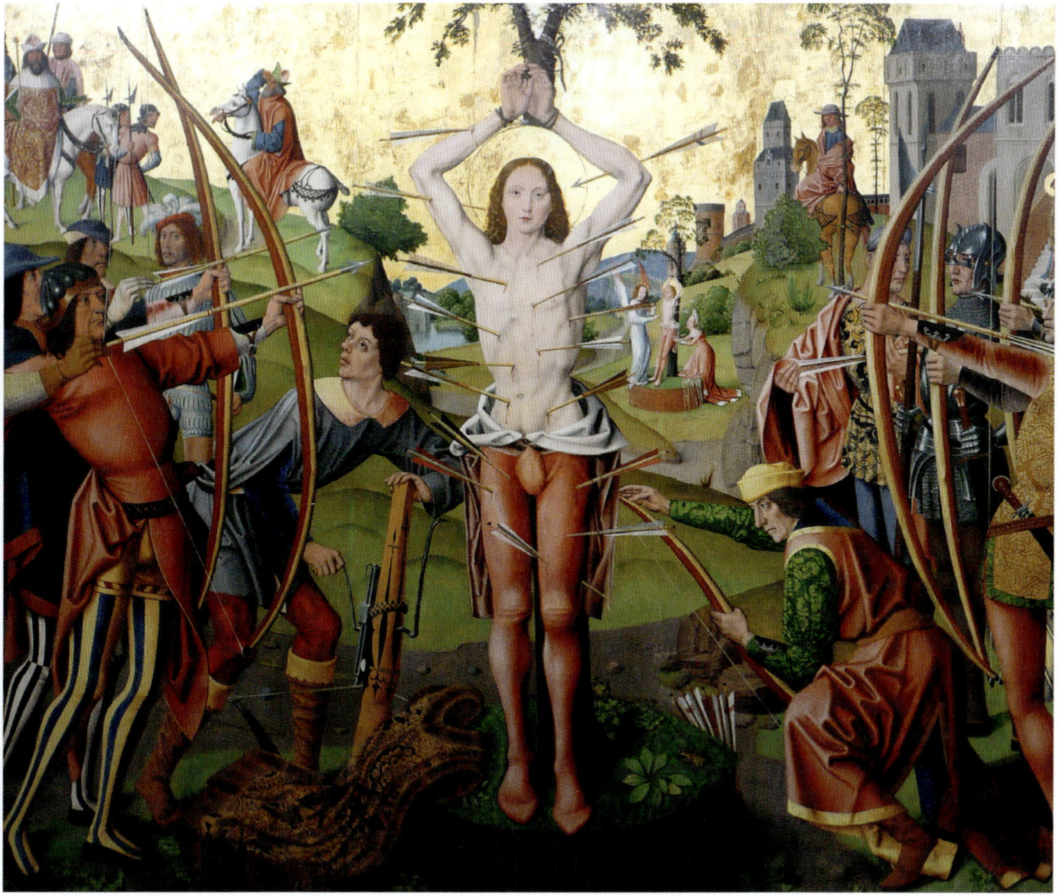

Herr Baumann, nachdem er im Projektmeeting meinte, dass »die Produktvision überhaupt noch nicht funktioniert«.

Altar im Augustiner-Eremiten-Konvent Sankt Antonius, Köln: *Die Marter des heiligen Sebastian* (1492–1493)

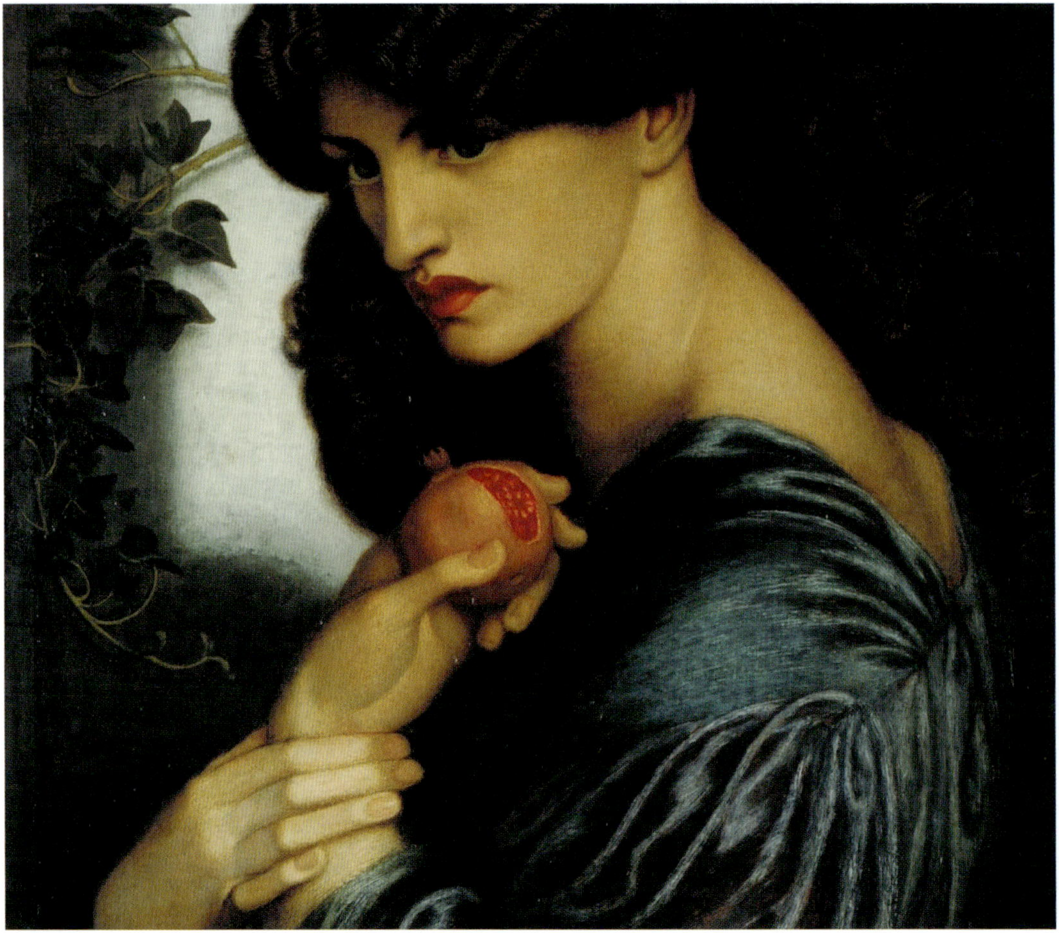

Mathilde kann es nicht fassen: »Wer beißt von meinem Obst ab und legt es anschließend wieder in den Kühlschrank?!«

Dante Gabriel Rossetti: *Proserpine* (1874)

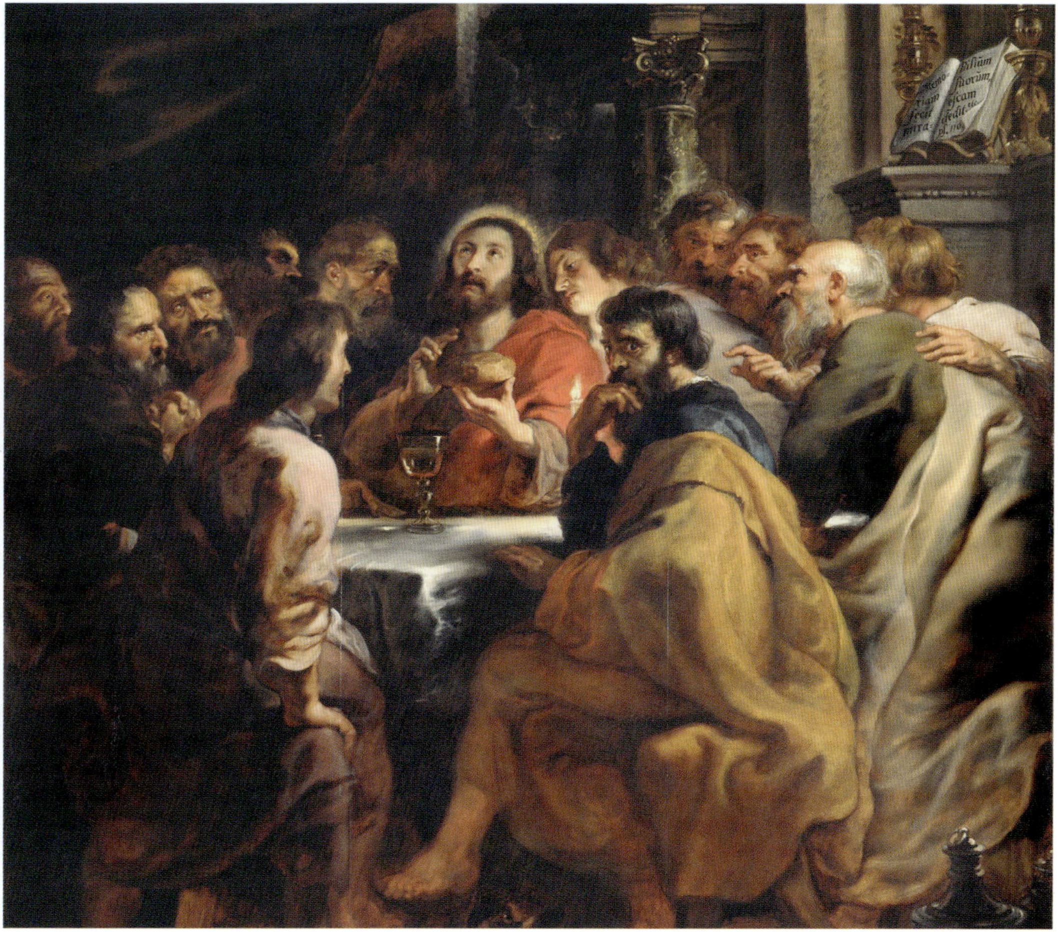

Jesus hat sich in der Mittagspause eine Calzone geholt und niemandem etwas mitgebracht.

Peter Paul Rubens: *Letztes Abendmahl* (zwischen 1631 und 1632)

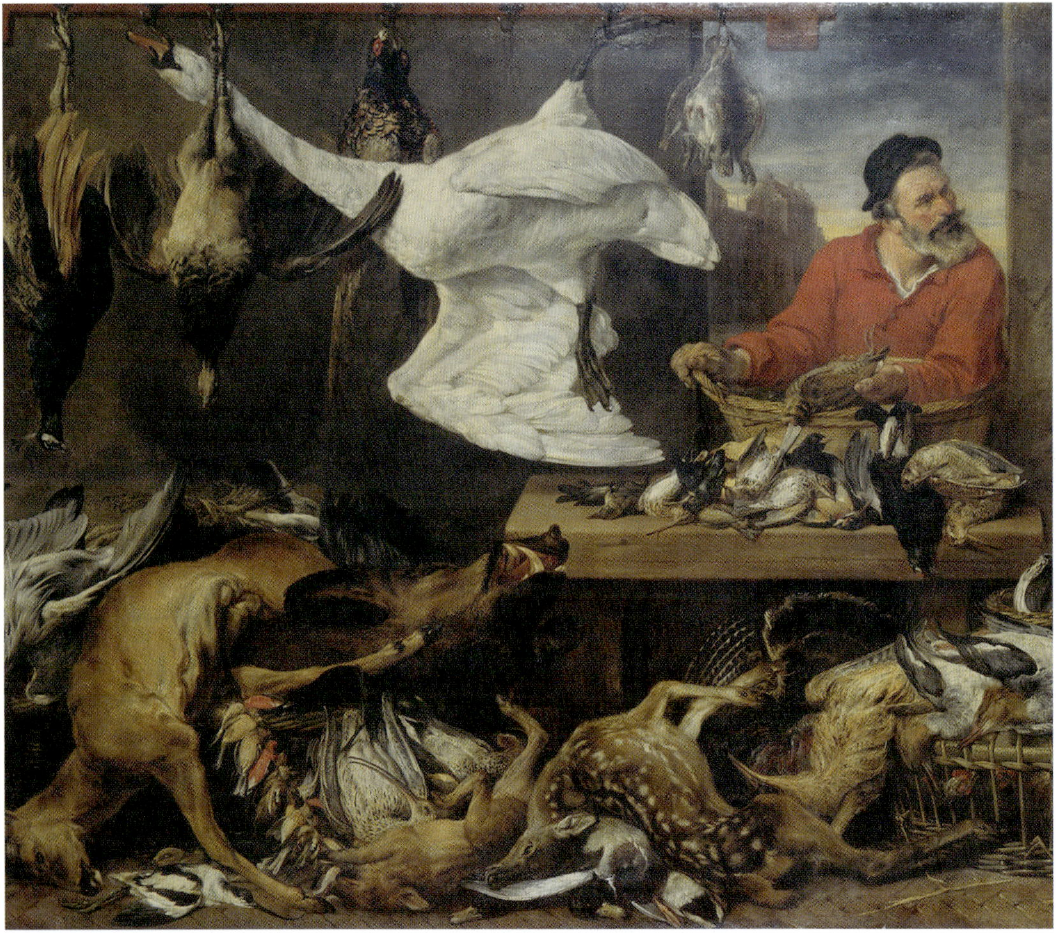

Vegetarier haben es auch in der Betriebskantine des 21. Jahrhunderts noch schwer.

Frans Snyders und Jan Wildens: *Wild-Stand* (um 1618 bis 1621)

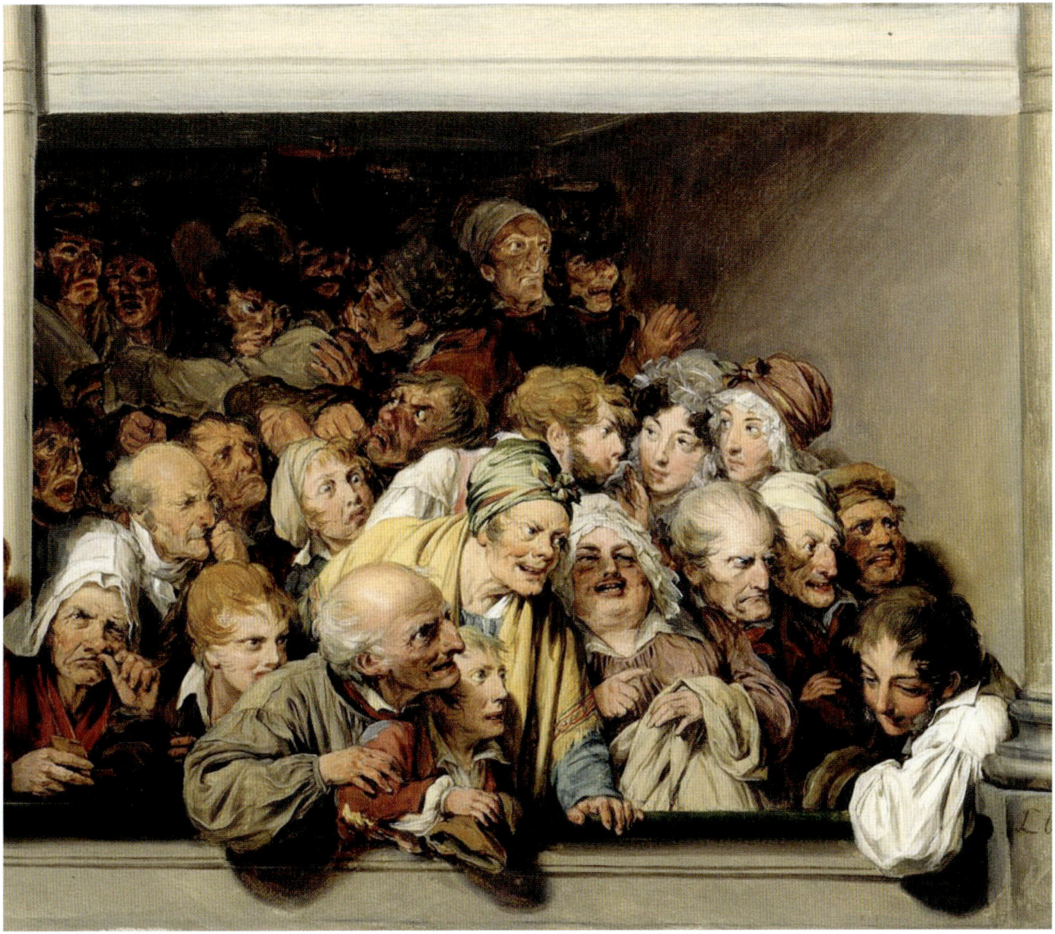

Vor dem Büro des cholerischen Chefs, nachdem dieser Herrn Georg zu sich zitiert hat, um mal »Klartext zu sprechen«.

Louis-Léopold Boilly: *In der Loge während einer Gratisvorstellung* (1830)

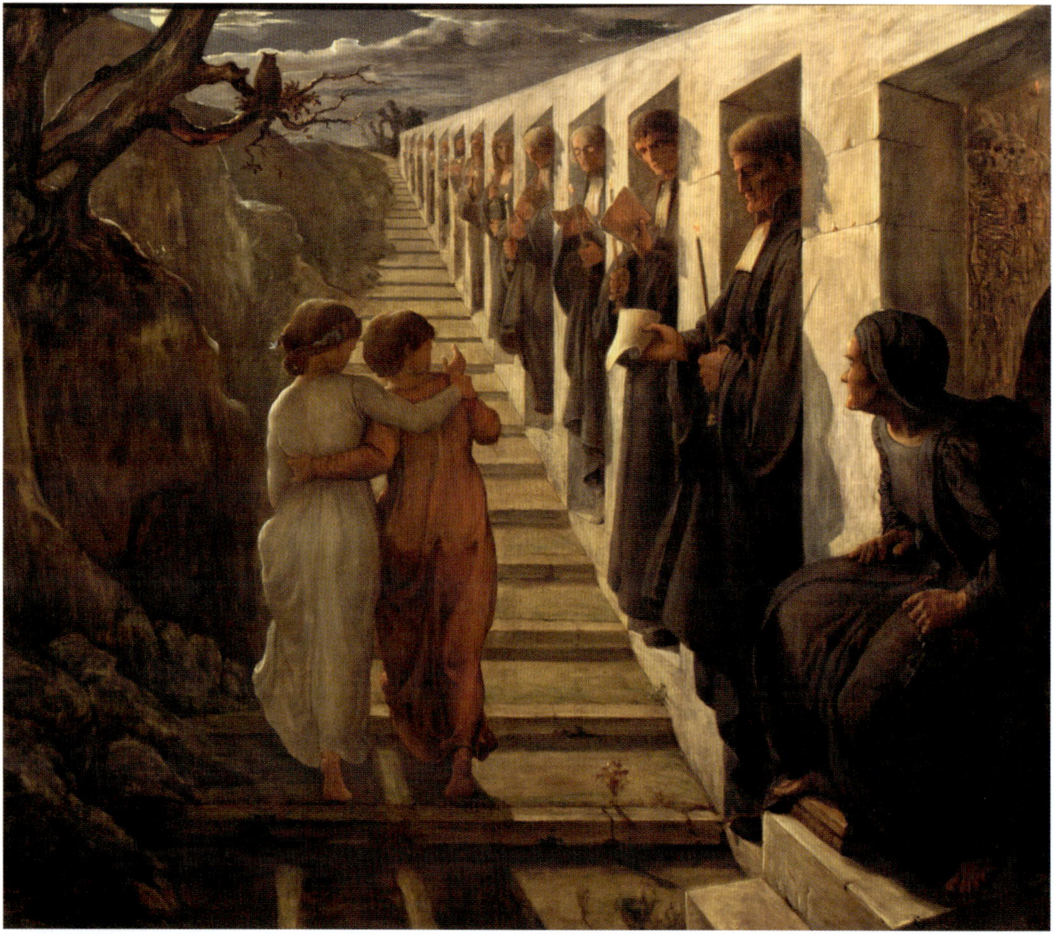

An ihrem ersten Tag stellen sich die neuen Praktikantinnen in jedem Büro vor und bekommen überall einen »wertvollen« Tipp.

Louis Janmot: *Der falsche Weg* (1854)

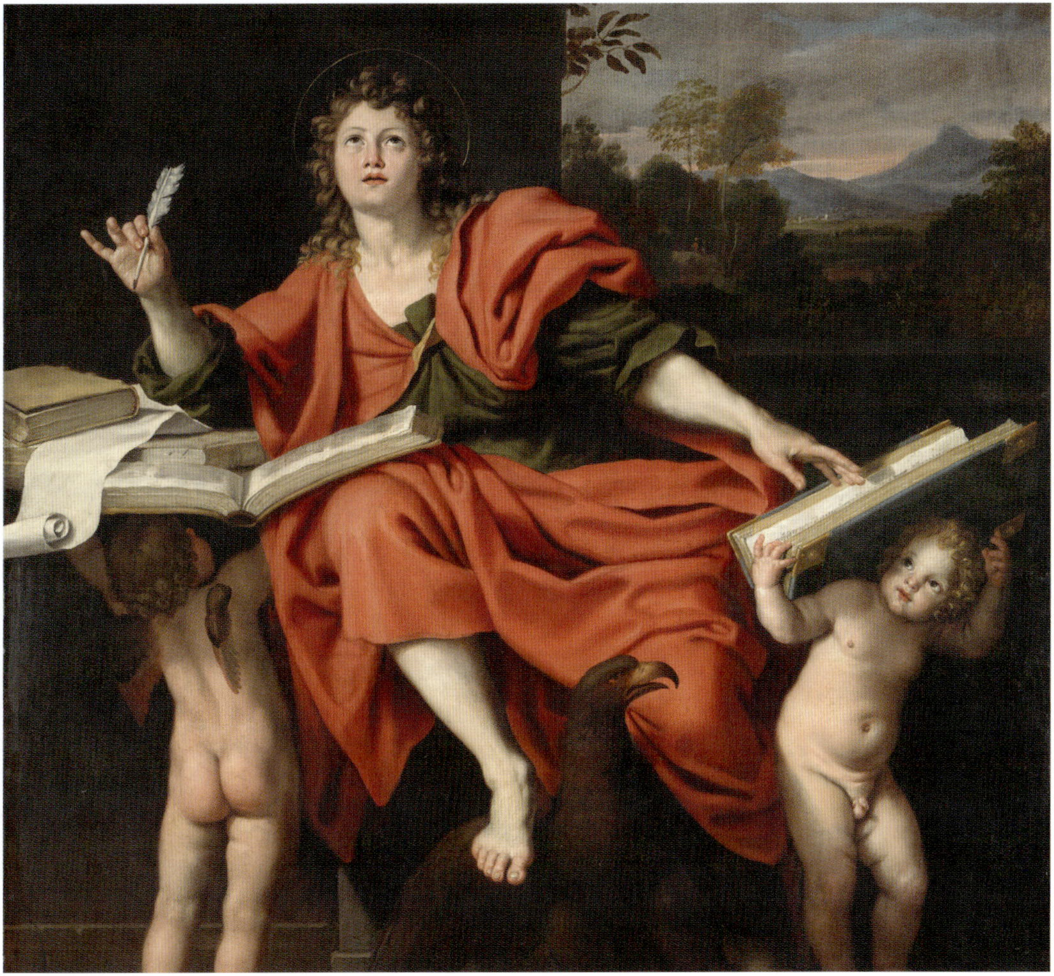

Manche Kollegen wären ohne Praktikanten komplett verloren.

Domenichino: *Johannes, der Evangelist* (zwischen 1624 und 1629)

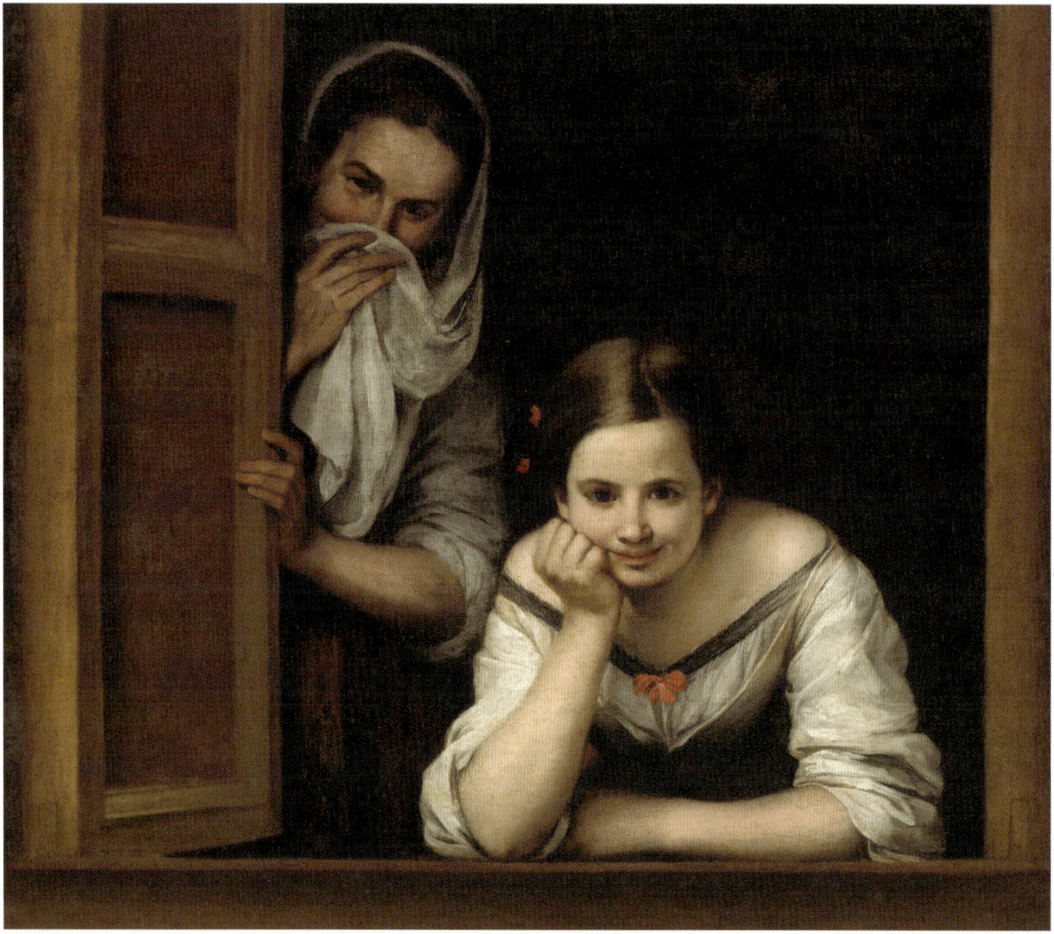

Martin hat sich mit den Worten »Papierstau? Kein Problem« auf den Weg zum Drucker gemacht.

Bartolomé Esteban Murillo: *Zwei Frauen am Fenster* (um 1665 bis 1670)

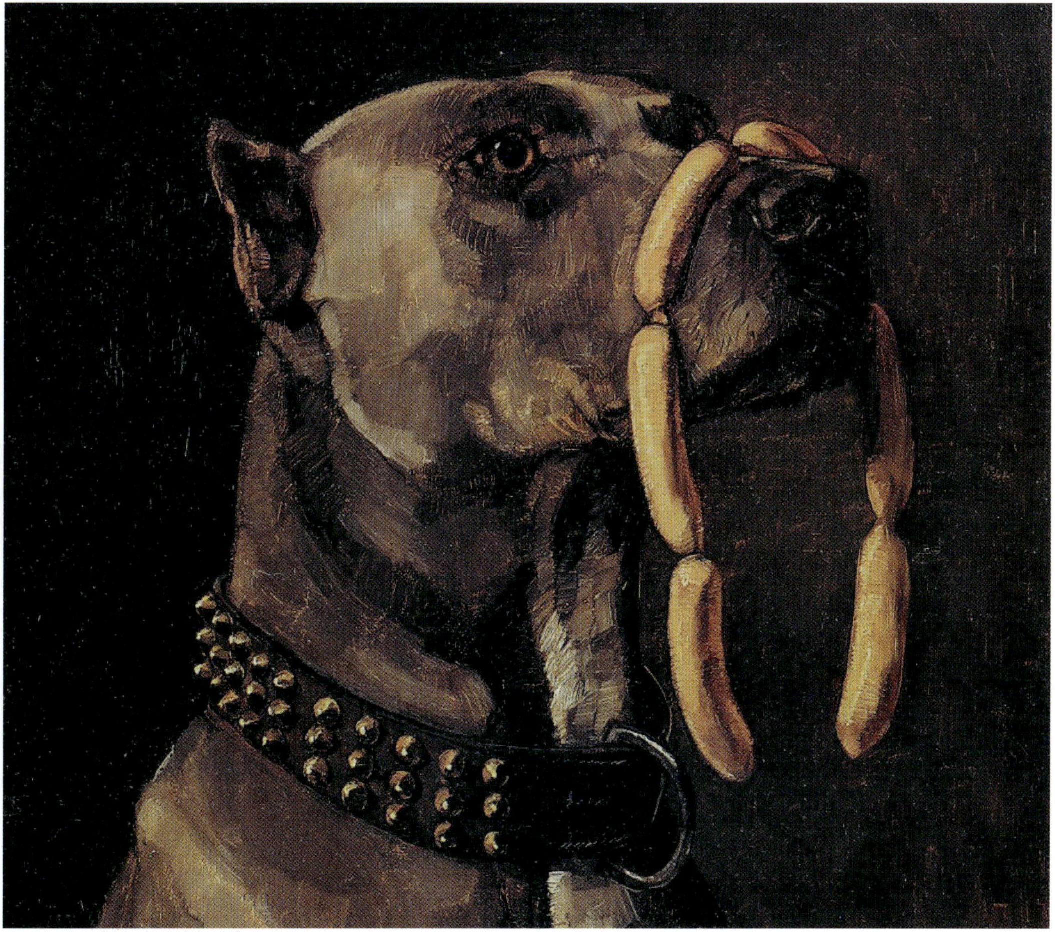

Herrn Eisenberger liegt im Meeting ein ziemlich lustiger Witz auf der Zunge – nur ginge der auf Kosten des Chefs.

Wilhelm Trübner: *Ave, Caesar, morituri te salutant*; Dogge mit Würsten (1877)

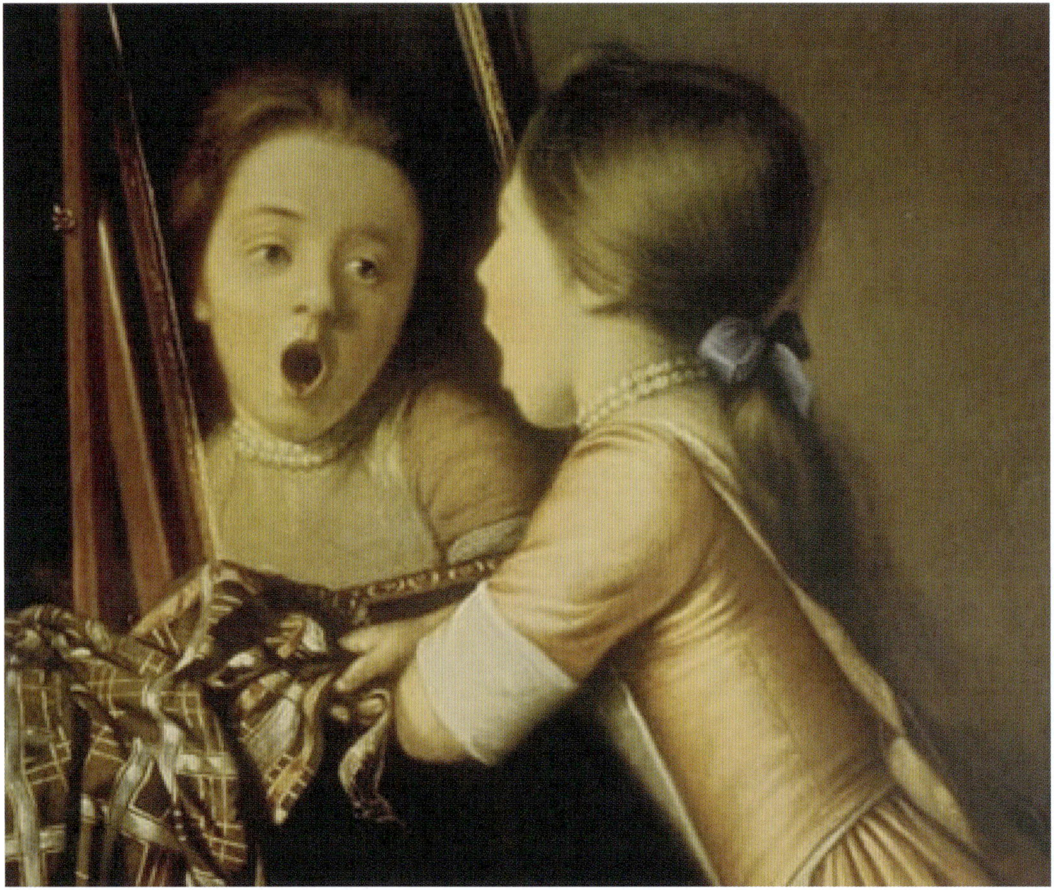

Assistentin Karin übt den Gesichtsausdruck, den sie täglich braucht, wenn der Chef wieder von den Kunststücken erzählt, die sein Hund gelernt hat.

Jean-Étienne Liotard: *Junges Mädchen singt vor einem Spiegel* (18. Jahrhundert)

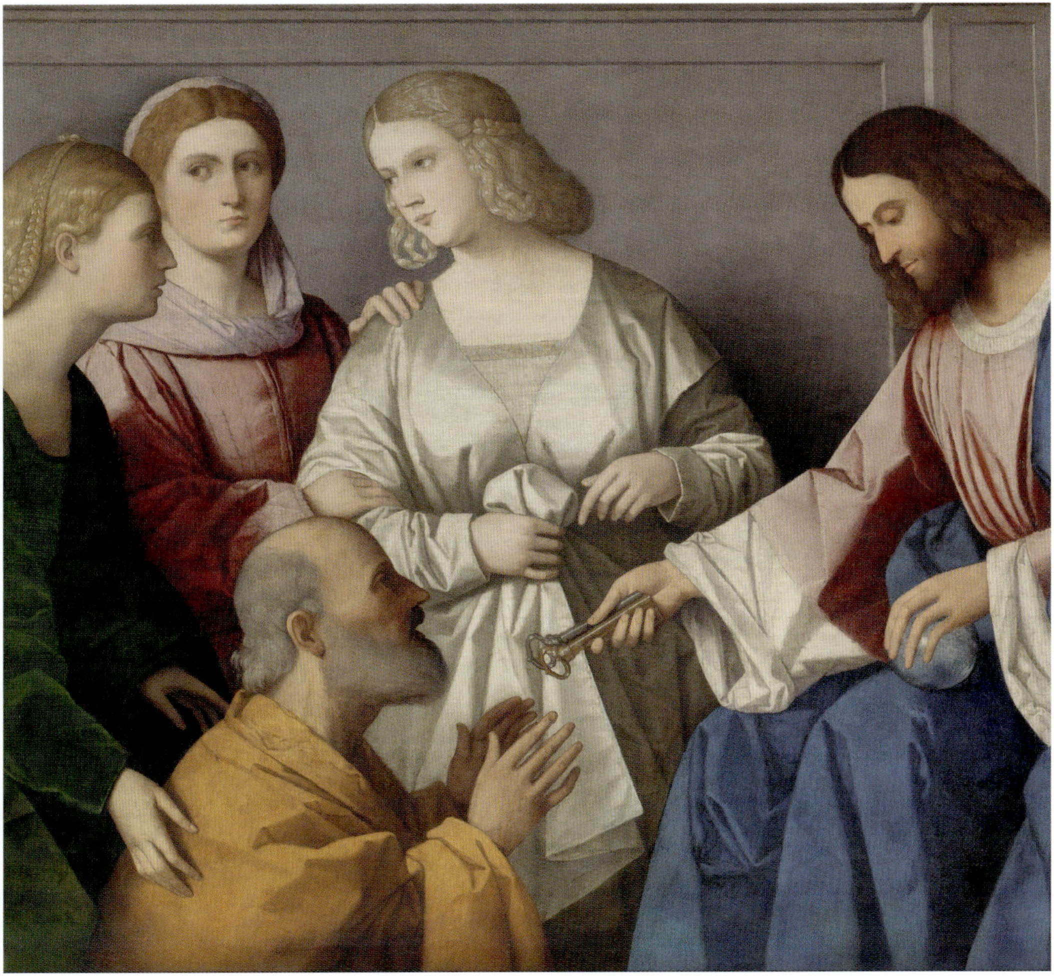

Florian, IT-Administrator, beim Vergeben neuer Passwörter

Vincenzo Catena: *Jesus gibt die Schlüssel an Petrus* (um 1520)

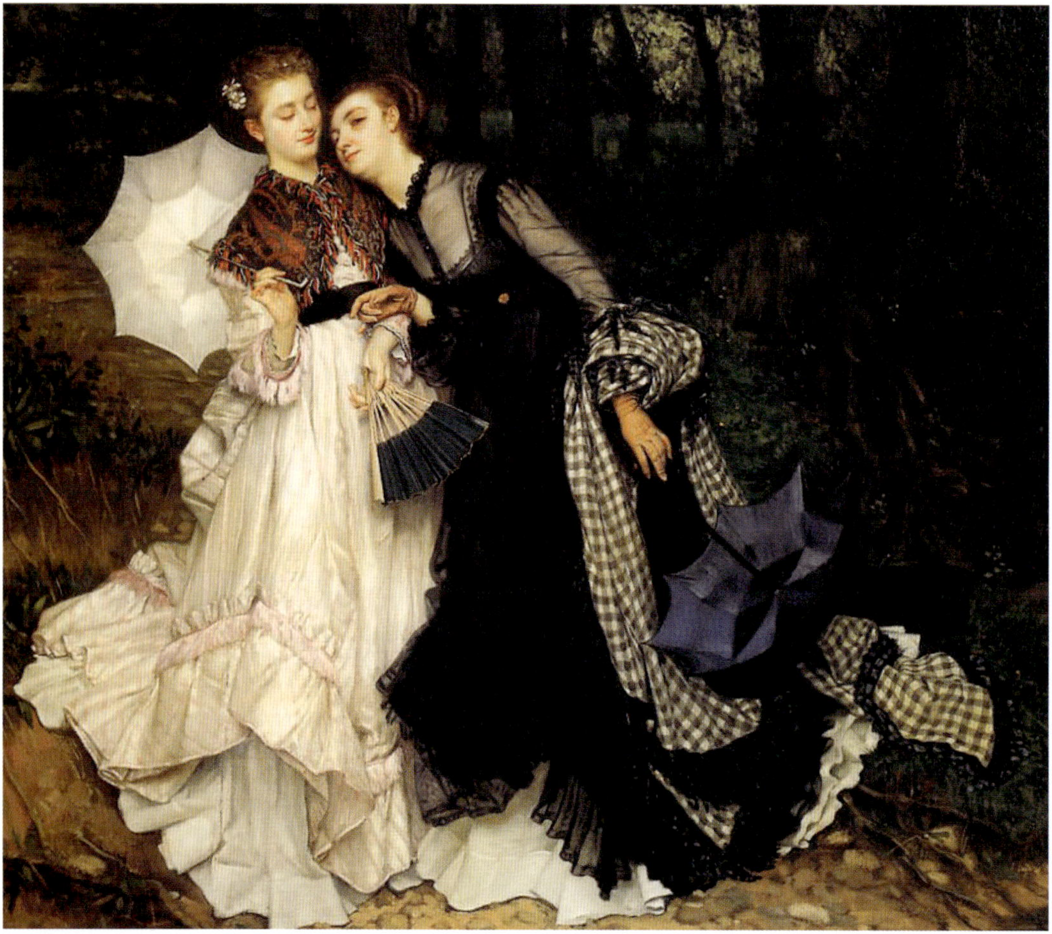

Wie soll man der Kollegin bloß schonend beibringen, dass sie einem beim Smalltalk nicht ganz so nahe kommen soll …?

James Tissot: *The Confidence / The Admission* (um 1867)

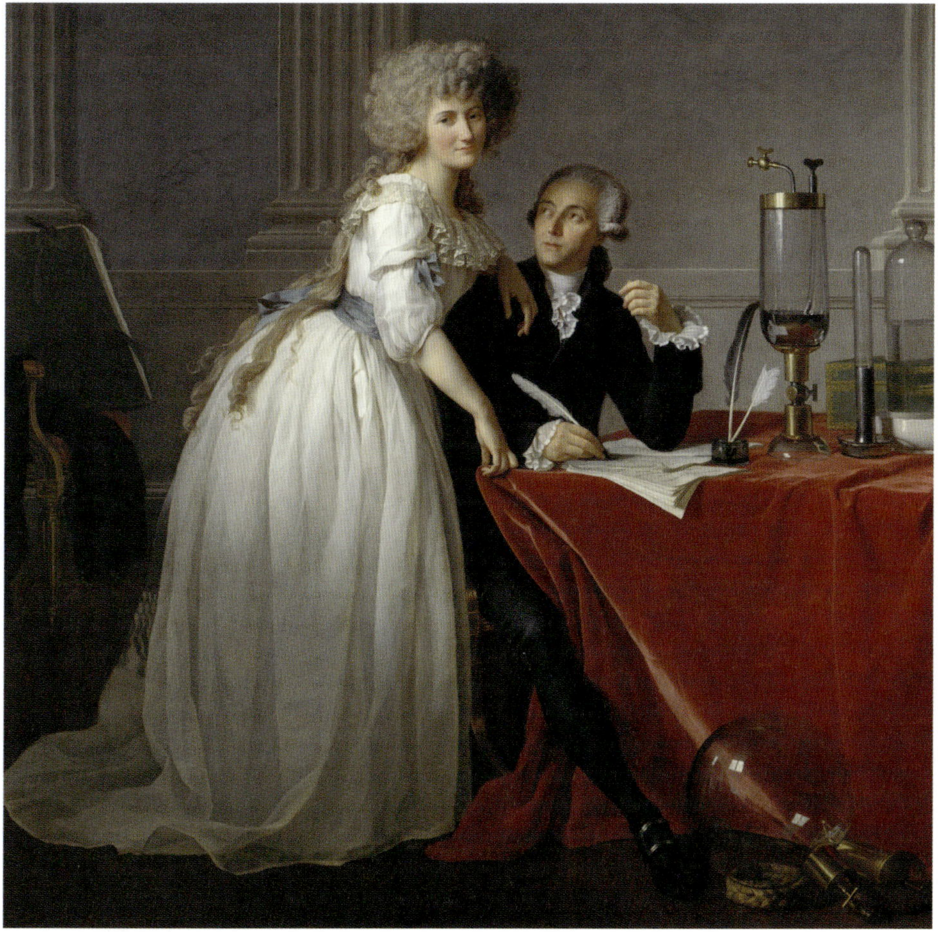

… oder dass sie schon viel zu lange bei einem im Büro rumsteht und man eigentlich genug zu tun hätte?

Jacques-Louis David: *Antoine-Laurent Lavoisier und seine Frau* (1788)

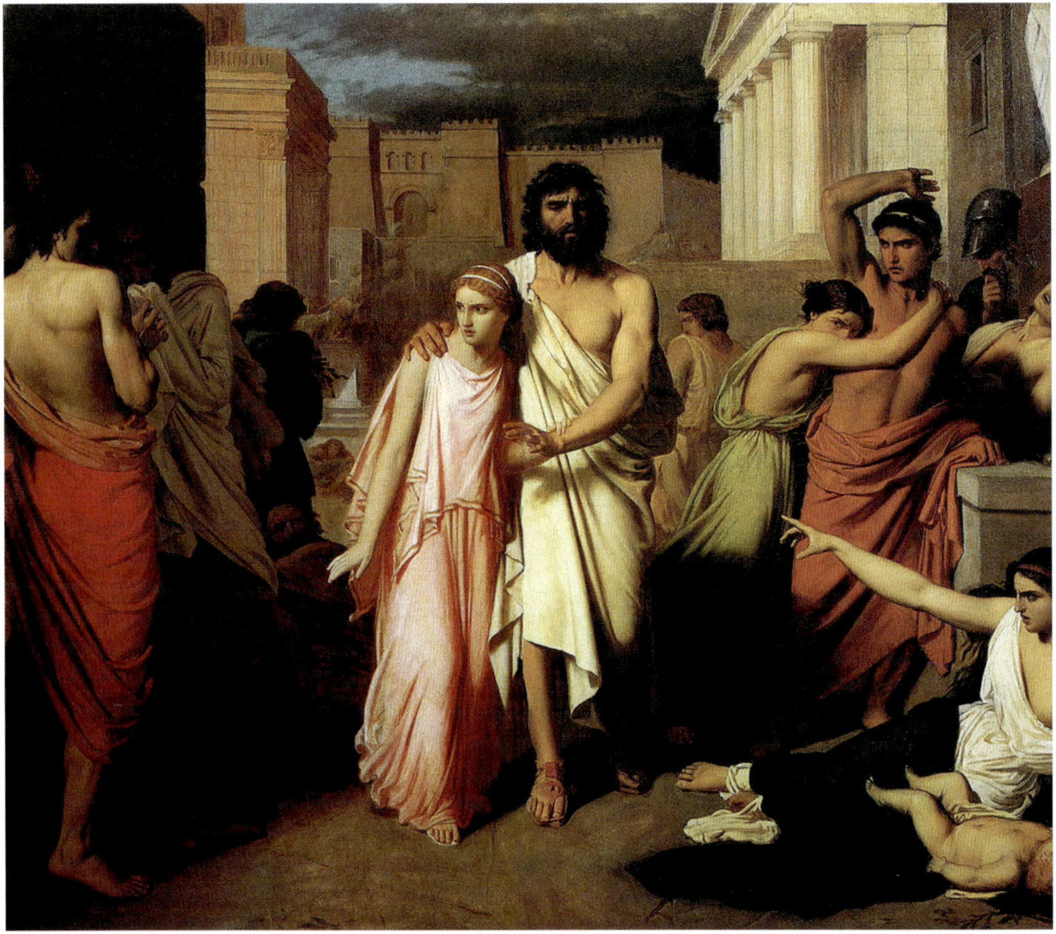

Seit Fanni und Henri ein Paar sind, kommen sie morgens häufig viel zu spät ins Büro.

Charles Jalabert: *Ödipus und Antigone* (1842)

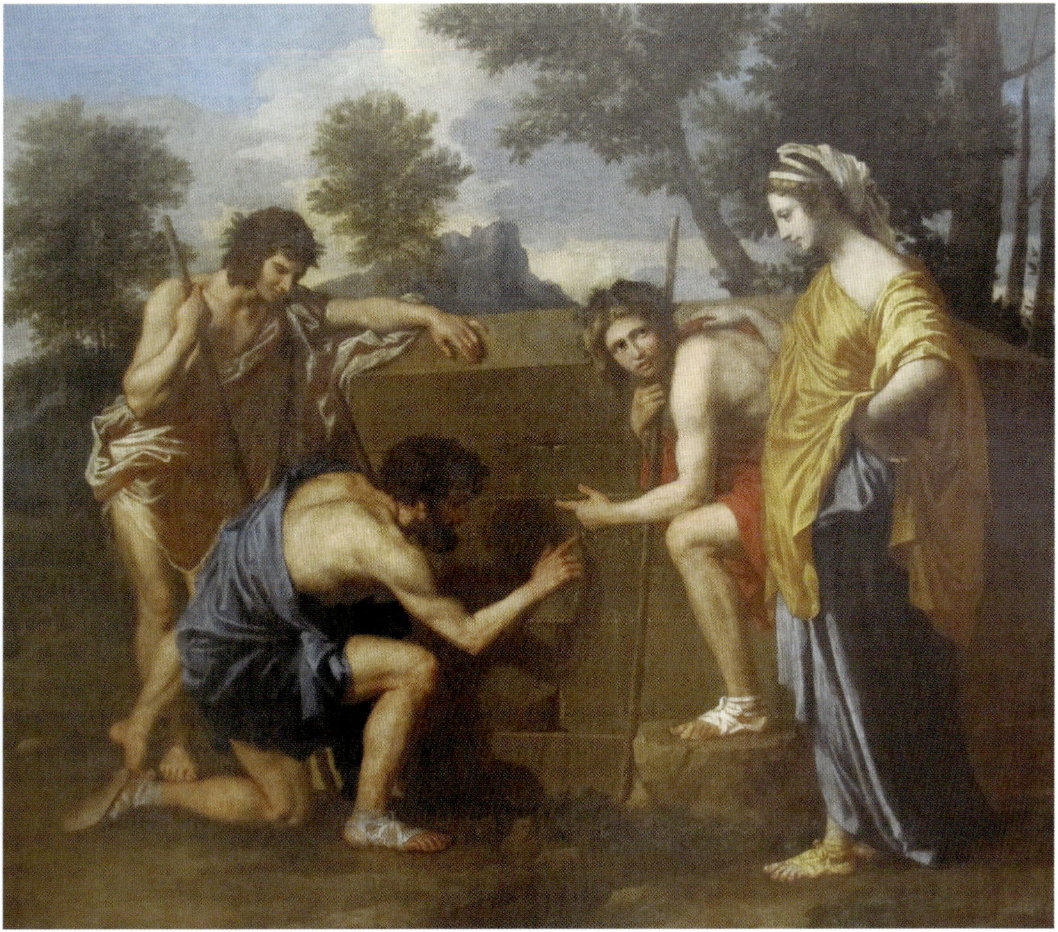

Drei Kollegen aus der IT versuchen, Frau Meyers Computer wieder hinzukriegen. »Schon mal aus- und wieder eingeschaltet?«

Nicolas Poussin: *Die arkadischen Hirten* (1628)

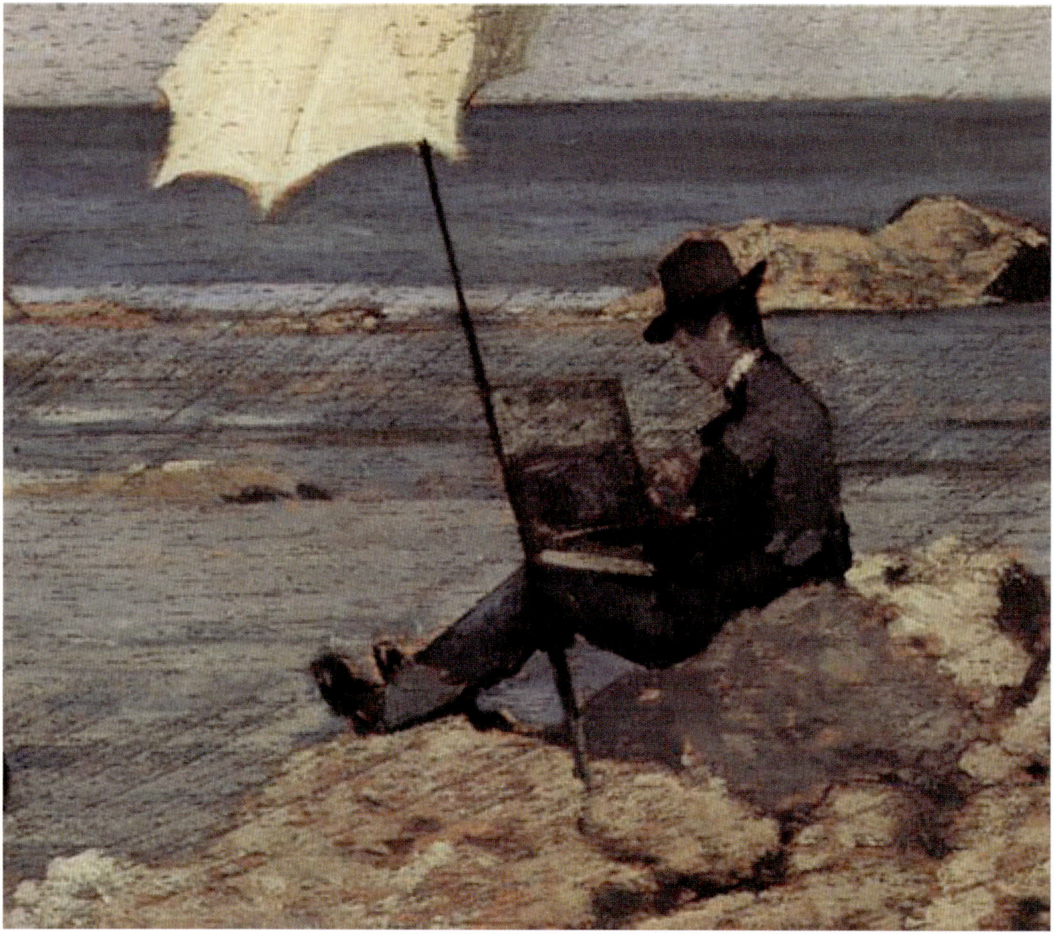

»Ich kann die Kamera nicht anmachen, weil das WLAN im Arbeitszimmer zu schwach ist.« So hatte man sich das neue Home-Office vorgestellt.

Giovanni Fattori: *Silvestro Lega, malend in Riva al Mare* (1866–1867)

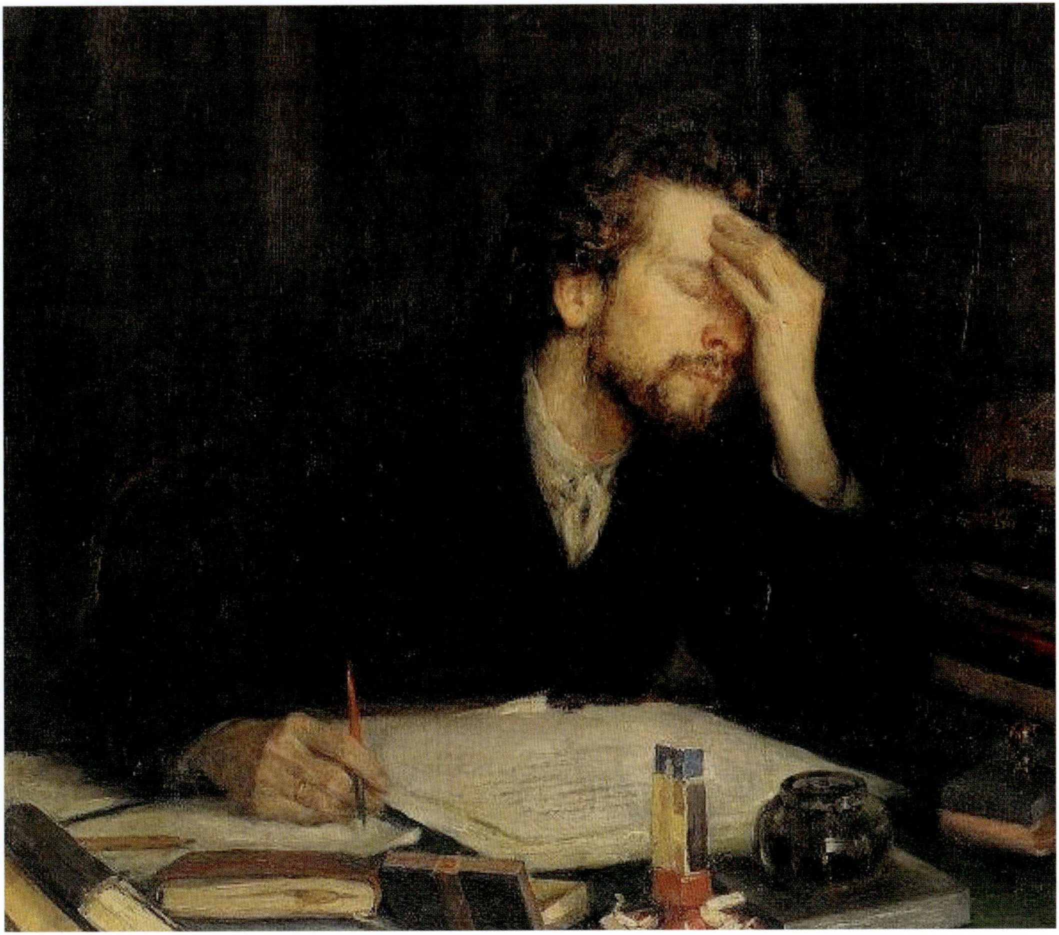

»Kinder, könnt ihr bitte mal EINE MINUTE RUHIG SEIN?«
So läuft das Home Office wirklich.

Leonid Pasternak: *The Passion of Creation* (19. Jahrhundert)

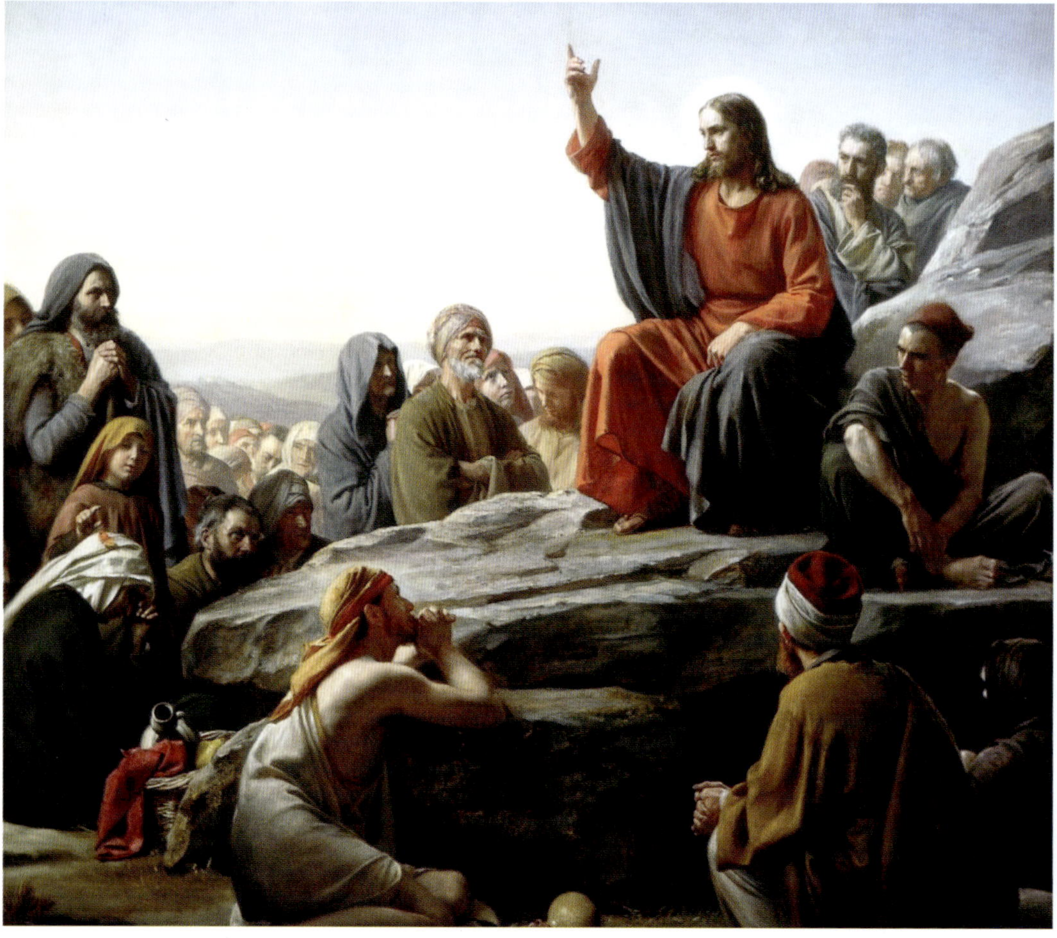

Der neue Lagerist versucht bereits in seiner Probezeit, einen Betriebsrat zu gründen.

Carl Bloch: *Die Bergpredigt* (1877)

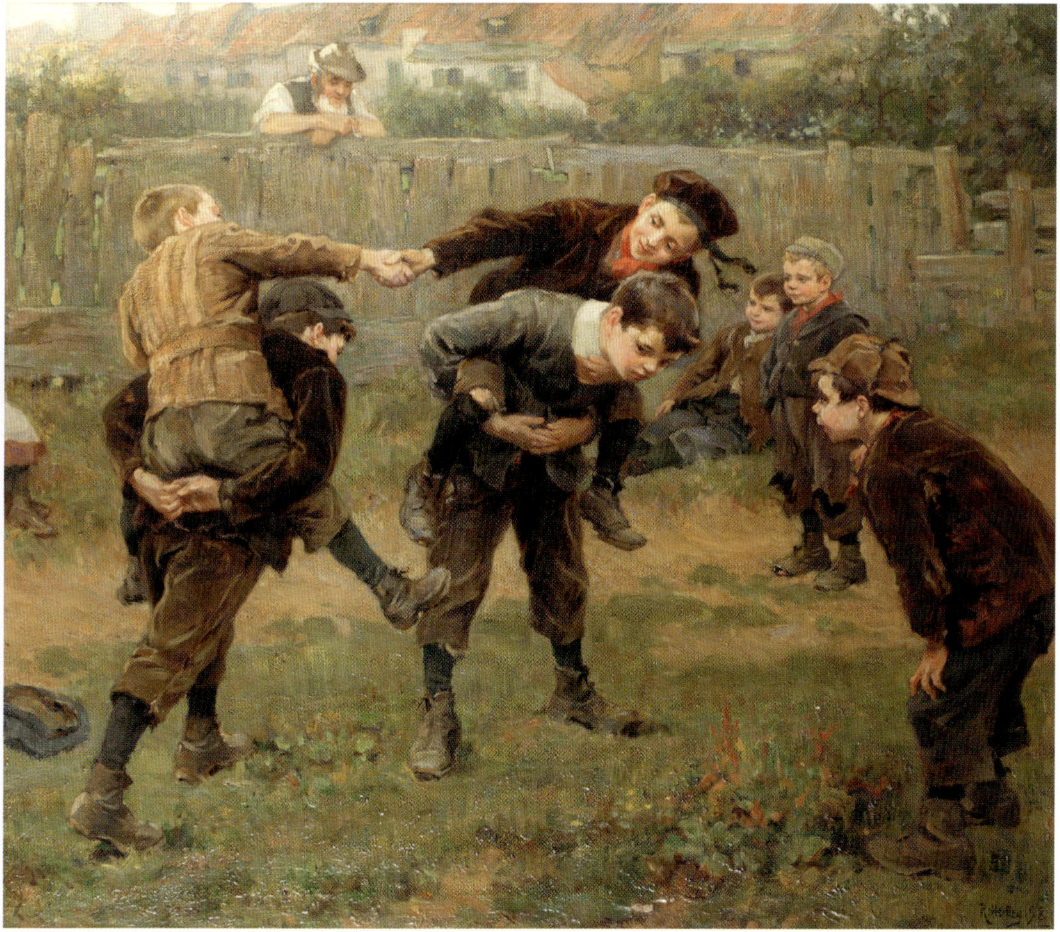

Die Teambuilding-Maßnahmen auf der Führungskräfte-Tagung werden von Jahr zu Jahr dämlicher.

Ralph Hedley: *Das Turnier* (1898)

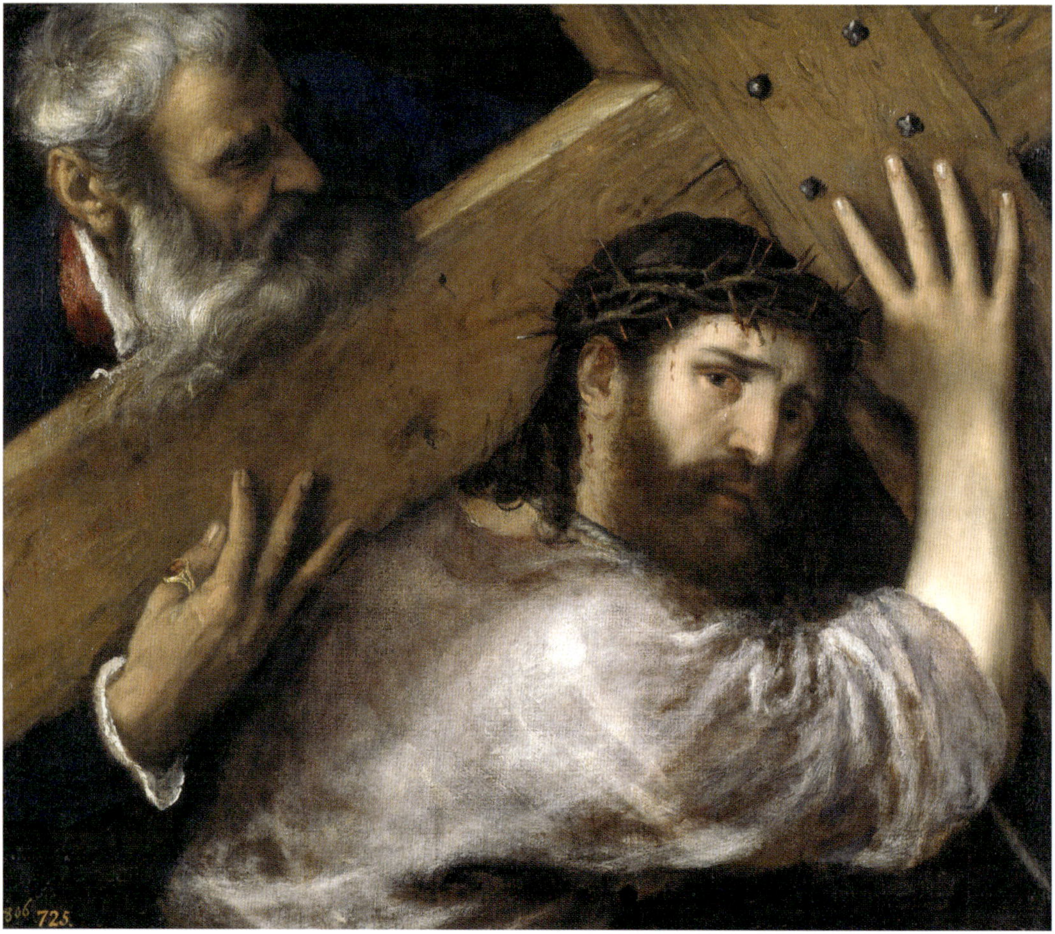

Konrad erfährt nach einer 80-Stunden-Woche, dass sein Projekt nun doch gestrichen wurde.

Tizian: *Jesus trägt das Kreuz* (1565)

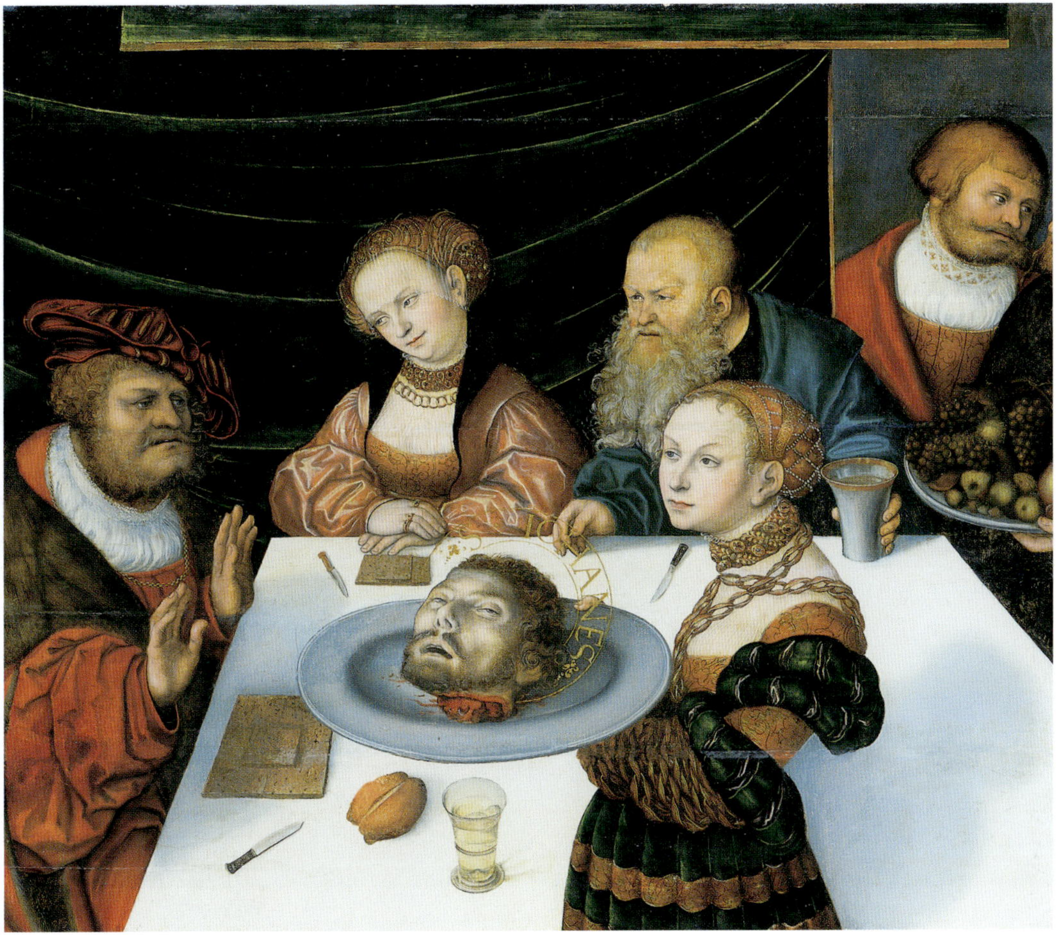

Weil Herr Müller in Quarantäne ist, wird er fürs Meeting per Laptop zugeschaltet.

Lucas Cranach der Ältere: *Gastmahl des Herodes* (um 1533)

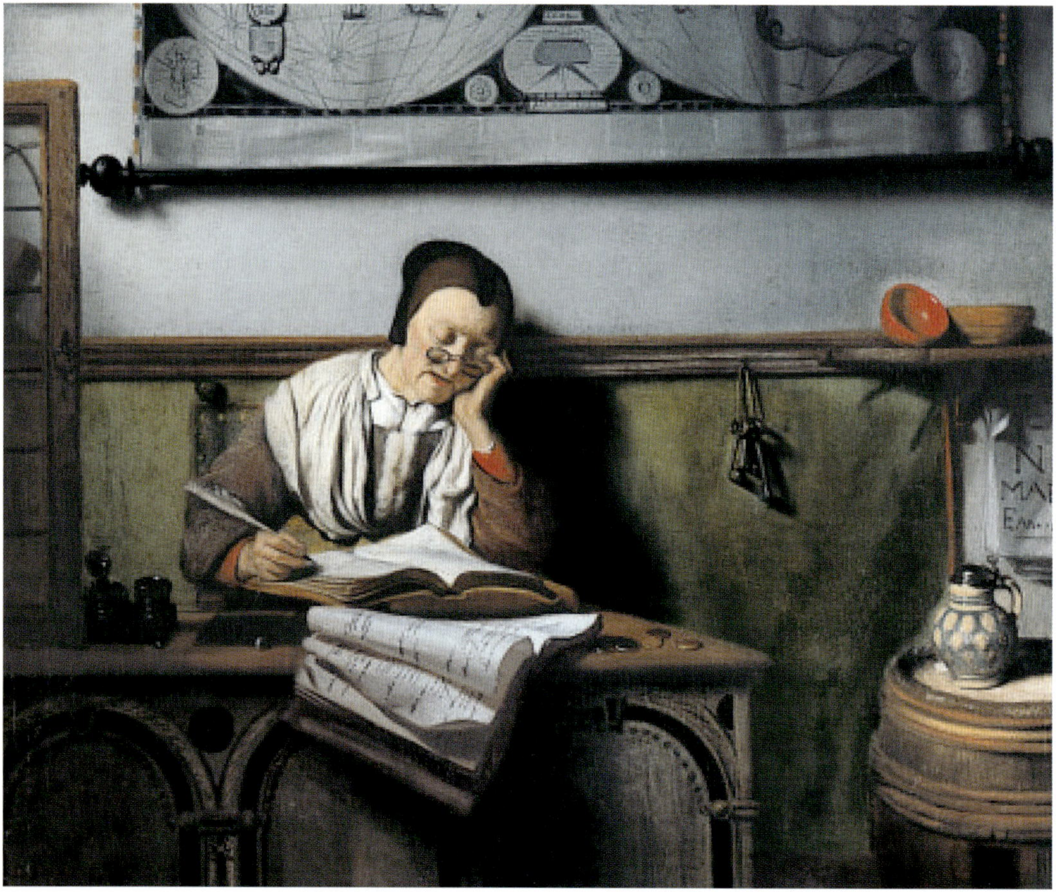

Ulrike arbeitet seit 30 Jahren im selben Job, spricht wenig und bleibt für sich. Aber sie ist die Einzige im Haus, die das Excel-Dokument für die Eingangsrechnungen bearbeiten kann.

Nicolaes Maes: *Der Buchhalter* (1657)

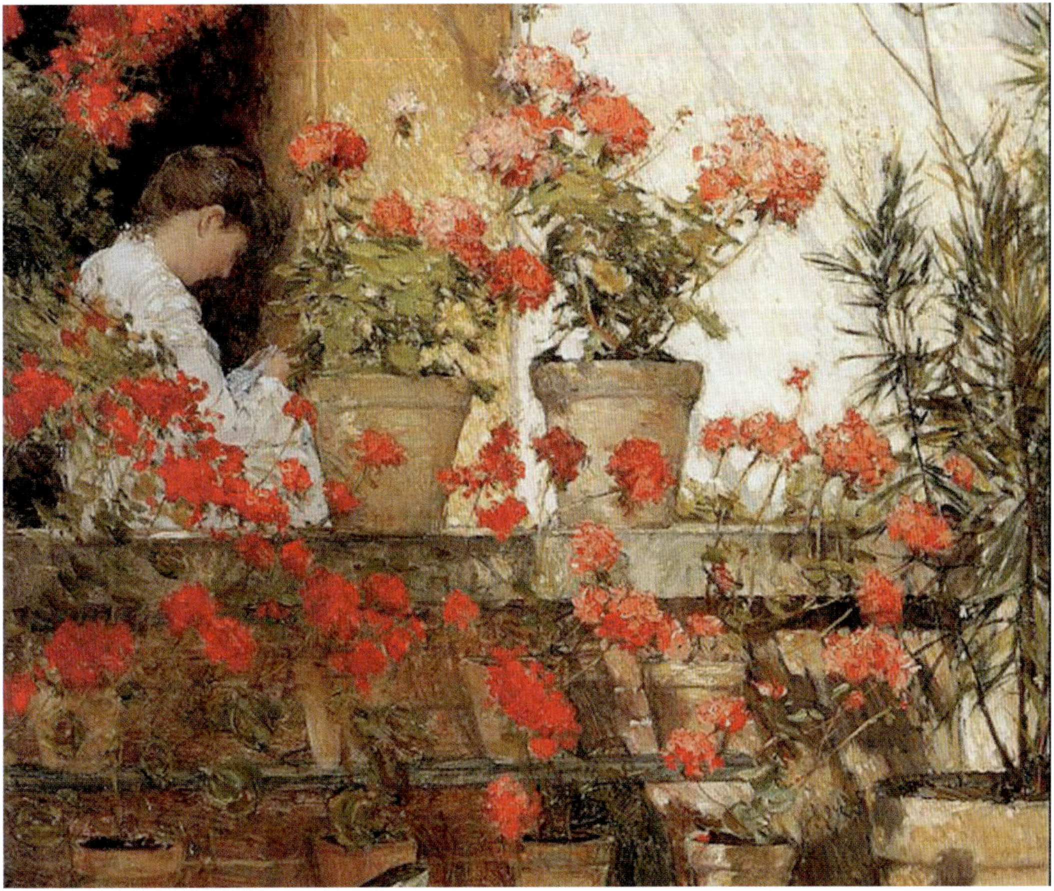

Es ist manchmal trotz Glastür schwer zu sagen, ob Frau Schmidt in ihrem Büro ist: Man kann sie zwischen all ihren Zimmerpflanzen kaum erkennen.

Childe Hassam: *Geranien* (1888)

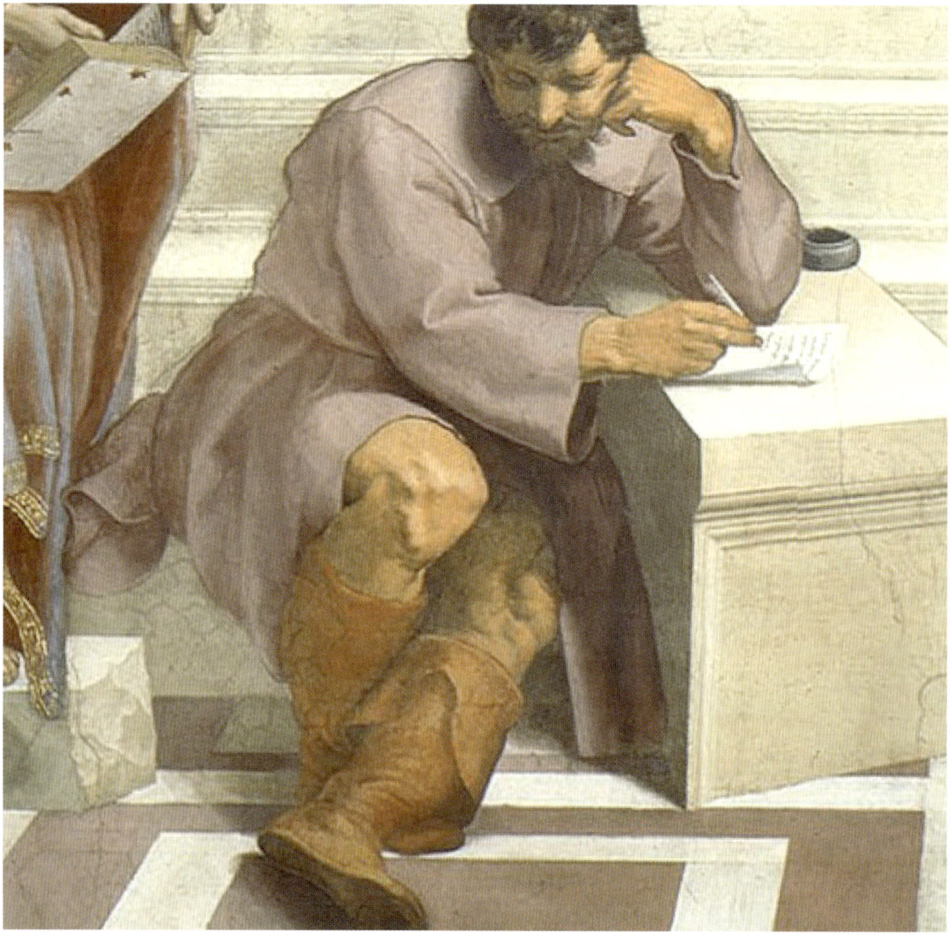

Seit die neue Kollegin seine Stiefel »nice« genannt hat, kann sich Michael nicht mehr auf die Arbeit konzentrieren.

Raffael: *Schule von Athen* (16. Jahrhundert)

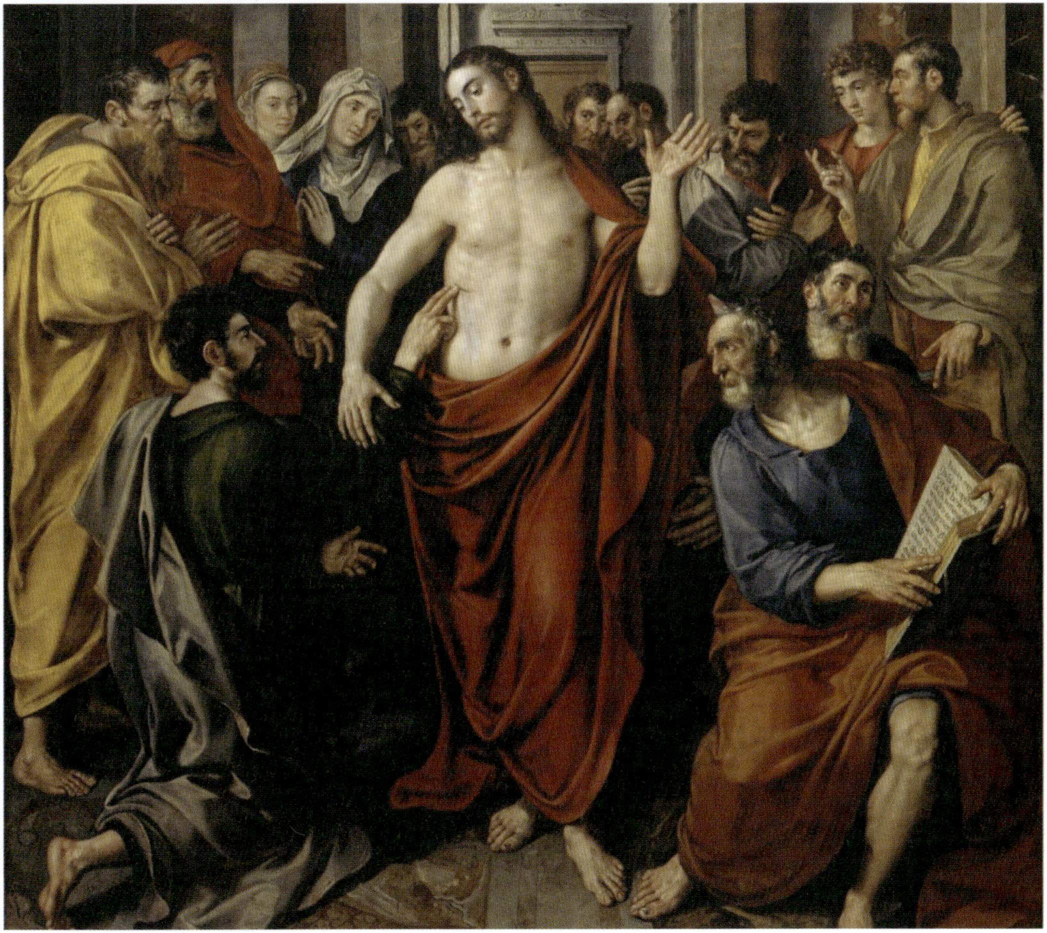

Karl ist der Einzige, der das Konzept »Casual Friday« wirklich durchzieht.

Maerten de Vos: *Der ungläubige Thomas* (1574)

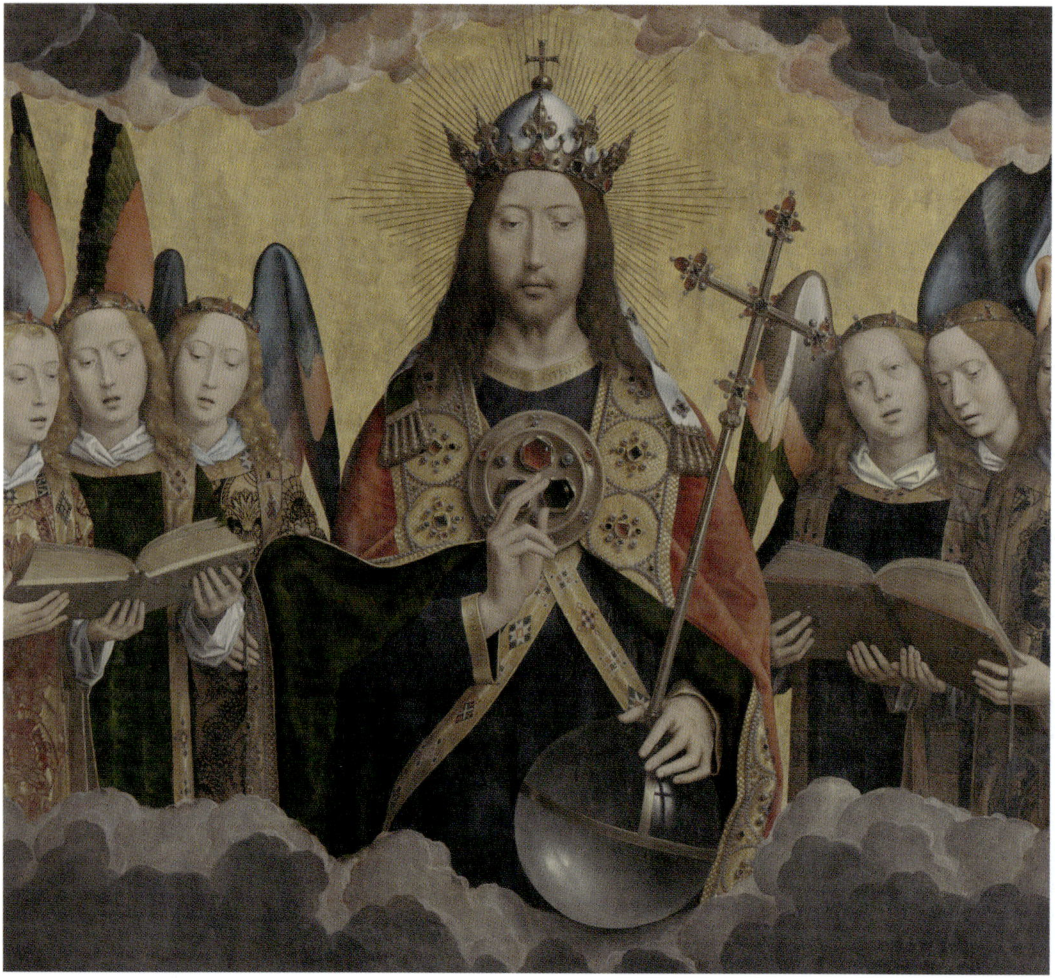

Weihnachtsfeier, 19:30 Uhr: Der Chef hält eine Rede.

Hans Memling: *Christus mit singenden und musizierenden Engeln* (1483–1494)

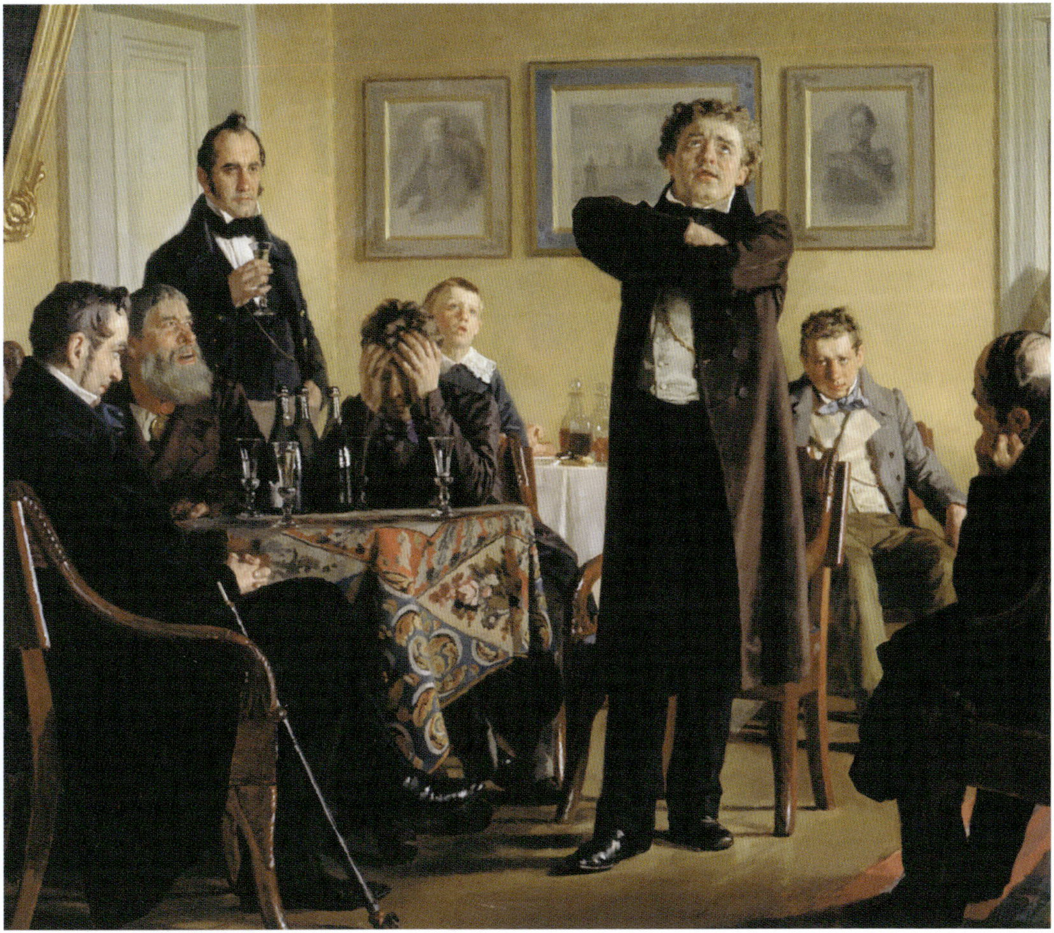

Weihnachtsfeier, 21 Uhr: Der Chef ist gegangen, Herr Ackermann (nach vier Bier) parodiert seine Rede.

Nikolai Newrew: *Pavel Mochalov, umringt von seinen Bewunderern* (1888)

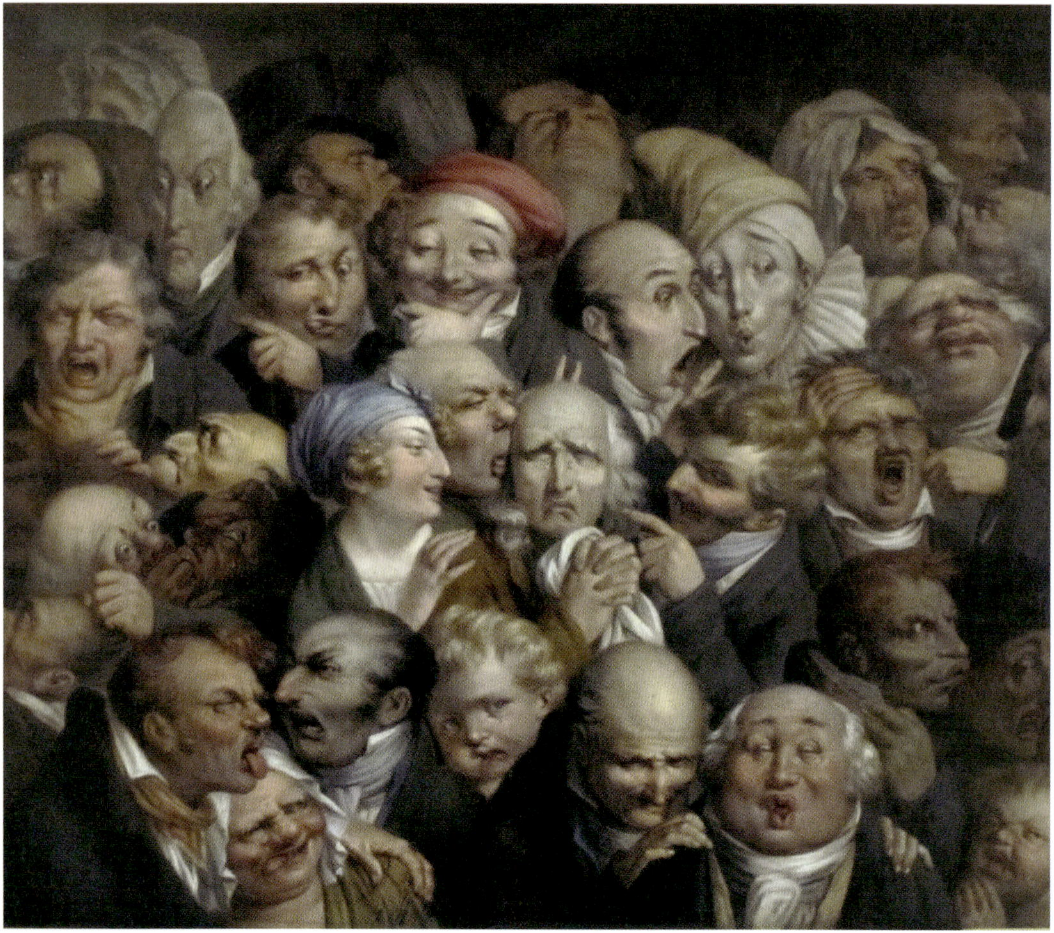

Weihnachtsfeier, 21:30 Uhr: Der (scheiternde) Versuch, ein Gruppenbild mit allen Anwesenden zu machen

Louis Léopold Boilly: *Versammlung von 35 ausdrucksstarken Köpfen* (um 1823 bis 1825)

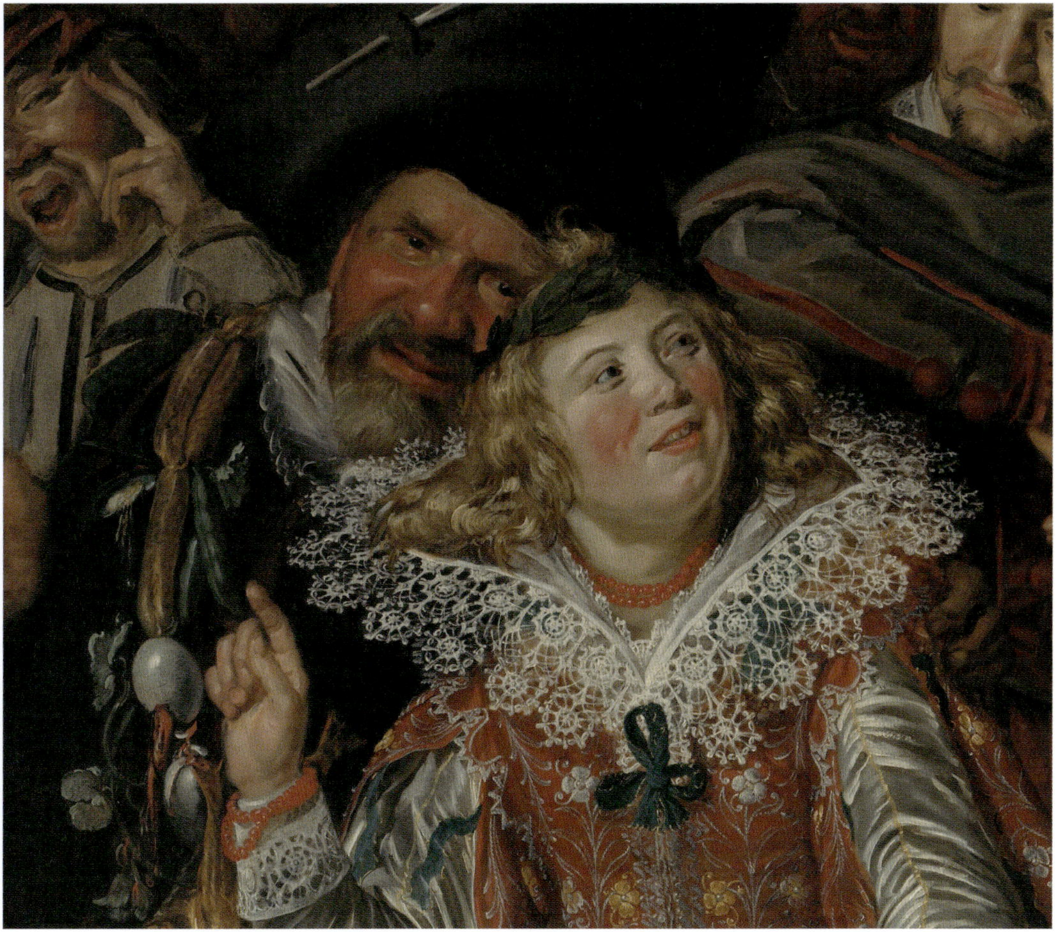

Weihnachtsfeier, 22:45 Uhr: Herr Ackermann (nach sechs Bier) belabert die neue Kollegin aus der Lohnbuchhaltung.

Frans Hals: *Feiernde in Shrovtide* (um 1616–1617)

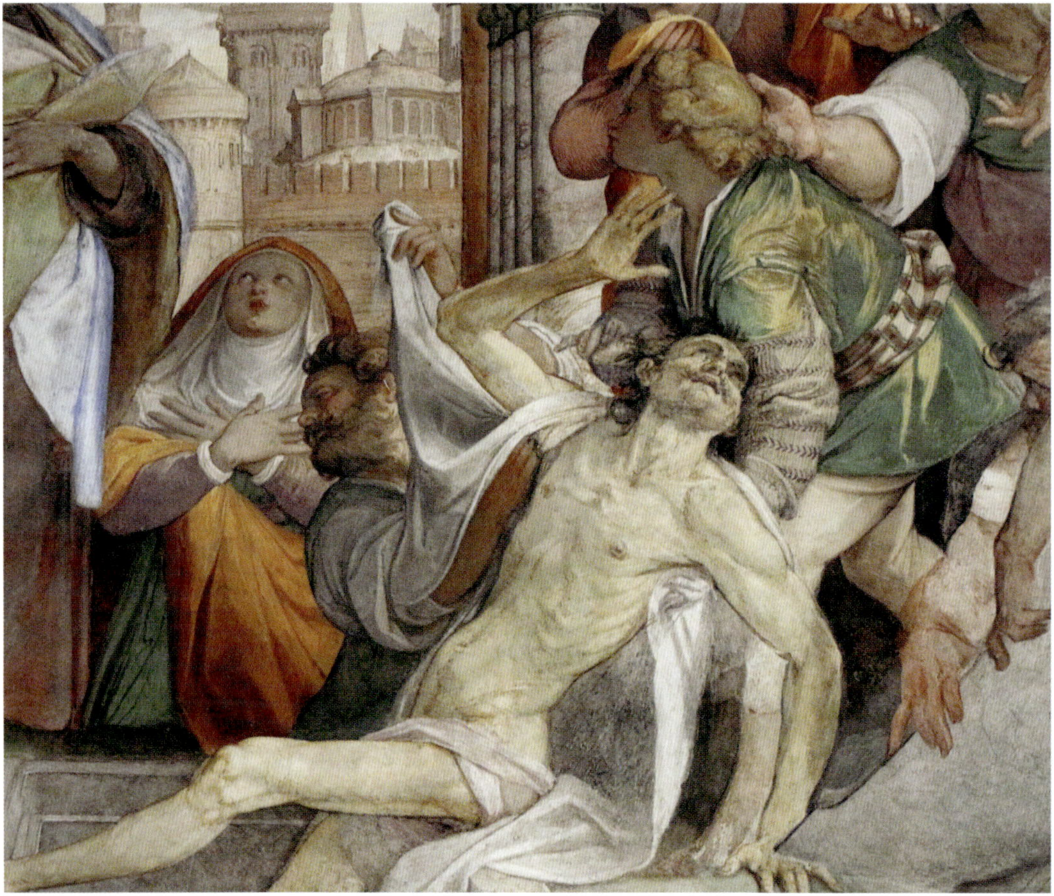

Weihnachtsfeier, 00:30 Uhr: Herr Ackermann findet, er kann noch fahren.

Federico Zuccari: *Auferstehung des Lazarus*,
Kirche San Francesco della Vigna, Venedig (vor 1561)

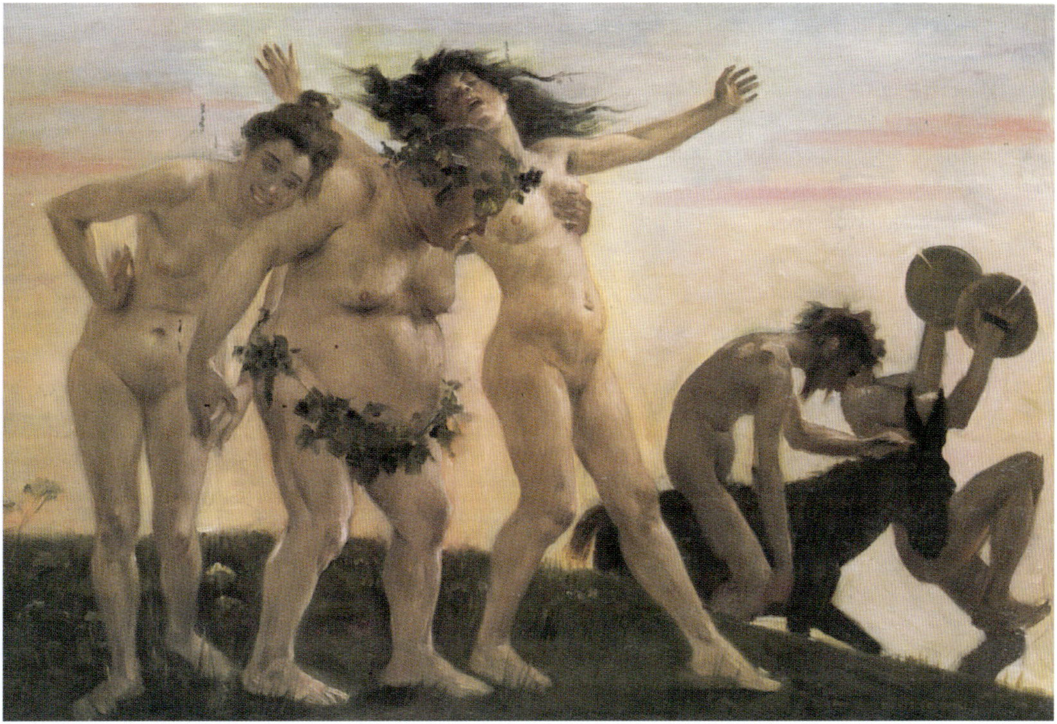

Weihnachtsfeier, 3:30 Uhr: Die Letzten, die noch laufen können, verlassen das Lokal.

Lovis Corinth: *Heimkehrende Bacchanten* (1898)

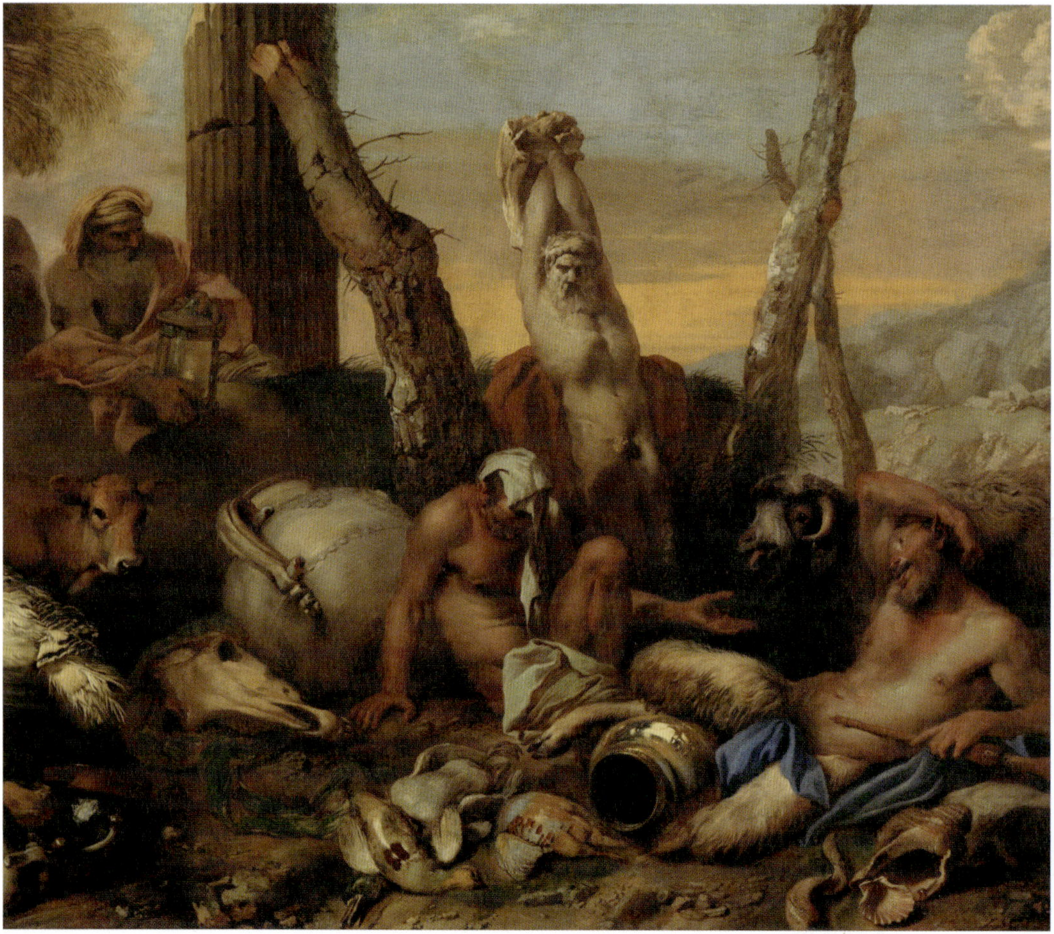

Weihnachtsfeier, 3:45 Uhr: Die Reinigungskraft findet diejenigen, die nicht mehr heimgehen konnten (rechts Herr Ackermann).

Giovanni Benedetto Castiglione: *Diogenes sucht einen Mann* (Mitte des 17. Jahrhunderts)

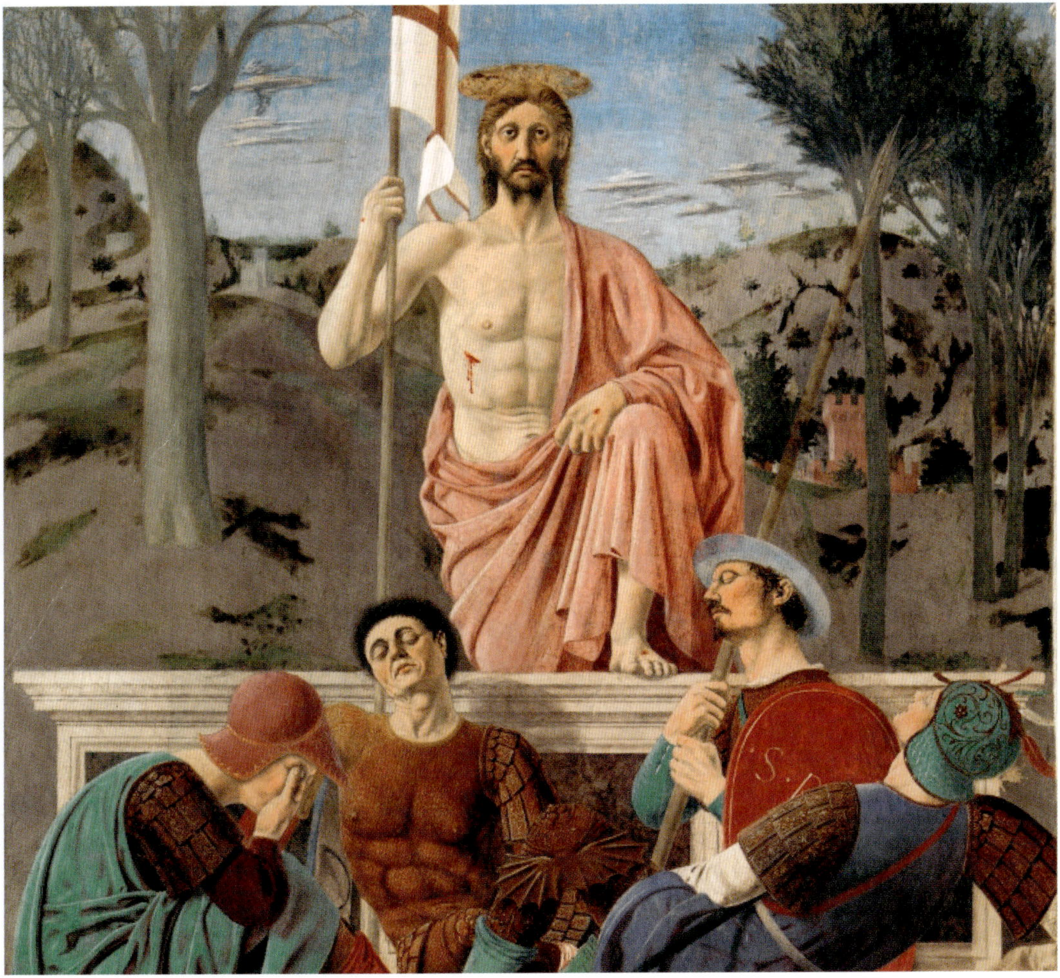

Der Tag nach der Weihnachtsfeier: Alle verkatert, nur der Chef nicht.

Piero della Francesca: *Die Auferstehung* (1463)

Bildnachweis
Cover links: Hubert van Eyck: Die Anbetung des mystischen Lammes, Genter Altar (vor 1426–1432), Wikipedia; Cover rechts: Francisco de Zurbarán: Lamm Gottes (zwischen 1635 und 1640), Wikipedia; 4, 5, 6, 8, 10–18, 20–34, 36–44, 46, 48–59, 61–63: Wikipedia; 7: Peter Horree / Alamy Stock Foto; 9: Art Collection 2 / Alamy Stock Photo; 19: Photo © Fine Art Images / Bridgeman Images; 35: Anhluong.tdnb / Wikipedia (https://commons.wikimedia.org/wiki/File:Une_loge,_un_jour_de_spectacle_gratuit.jpg); 45: Sailko / Wikipedia (https://commons.m.wikimedia.org/wiki/File:Nicolas_poussin,_i_pastori_dell%27arcadia_(et_in_arcadia_ego),_1638-40_ca._02.JPG); 47: Elmira.Karamniayfar / Wikipedia (https://commons.wikimedia.org/wiki/File:Leonid_Pasternak_-_The_Passion_of_creation_(1).jpg); 60: Sailko / Wikipedia (https://commons. wikimedia.org/wiki/File:Federico_zuccari,_resurrezione_di_lazzaro,_ante_1561,_04.jpg)

Originalausgabe
1. Auflage 2022

Türkenstraße 89, 80799 München
info@yes-publishing.de

Umschlaggestaltung: Ivan Kurylenko (hortasar covers)
Layout und Satz: Christiane Schuster | www.kapazunder.de
Druck: Livonia Print, Riga
Printed in Latvia

ISBN Print 978-3-96905-190-0
ISBN E-Book (EPUB, Mobi) 978-3-96905-192-4
ISBN E-Book (PDF) 978-3-96905-191-7